主　　编：刘平平
副 主 编：陆明亮　马　燕
编委会名单：李　伟　周子晗　党梦圆　施楚玥
张书恒

序

我们一直致力于让艺术类院校的学生在创业的时候自觉地端正意识，主动地传递“胸中有大义，心中有人民”的价值追求。对待萌发创业意识的大学生，给予更多的制度关怀和思想引导，为他们实现人生出彩搭建舞台，让他们能够在这个舞台上激昂青春，放飞梦想，在回首大学时光时有满满的成就感。

本书总体上可以分为理论部分和应用部分，理论部分是从思想政治教育与创业指导搭桥开始，寻找艺术类高校学生身上创业的特点，通过分类指导的方式展开论述，要直面的问题是——艺术类大学生创业的目的是什么？应用部分，主要是以案例为主，围绕创业需要准备的各个要素展开，最后以实际案例来解析如何做一个好的创业计划书，创业实践会遇到哪些问题等。

由于编者水平有限，书中难免会有不足和疏漏之处，希望专家和读者批评指正，一同推动艺术类大学生创业发展。

刘平平

2018 年 1 月 2 日

创业宣言

李　伟：创业是一个革新自己的过程，在这个过程中要做到：勇敢却不鲁莽，自信却不自傲，谦虚却不谦卑，忍让却不畏缩，果断却不莽撞，老实却不无能……

周子晗：渴望拥抱星辰，拒绝仅是仰望。挑战迎接风浪，享受梦想激荡。

施楚玥：严于律己，宽以待人。成员应自我约束，自我要求，自行醒悟，提高标准，不可因任性而造成团队利益受损。

党梦圆：既然选择睁开眼睛看世界，就不要埋怨风中细小的砂砾。

目　录

第一章　关于理论探索

一、艺术院校大学生创业的现状、问题及原因分析

党的十九大召开，为大学生创新创业创造了条件。艺术专业大学生创业就是用艺术的想象力创造出具有社会价值的作品或者创意。这种创业要坚持百花齐放、百家争鸣的方针，追求社会主义核心价值观，弘扬真善美的追求，以引领社会风尚，要用艺术去奏响时代之声、爱国之声、人民之声①；创业成果要有经济价值、文化价值和社会价值。艺术专业大学生创业是要展现理论自信、文化自信、道路自信和制度自信，作为艺术的传播者，在创业时如何将艺术作品和艺术实践相结合，在思想高度上达到以人民为中心的创作导向，自觉将艺术创造力融入党和人民事业之中呢？或许以思想政治教育为导向的创业教育能够解决这一困境。通过这种教育，引导艺术专业的学生在创业时自觉根据习总书记的要求做到“胸中有大义、心里有人民、肩头有责任、笔下有乾坤”②，真正创造出无愧于青春、无愧于时代的创业新篇。

大学生创业存在的困难，可从宏观和微观上来分析。

---

① 2016 年 11 月 30 日，习近平在中国文联十大、中国作协九大开幕式上的讲话。

② 2016 年 11 月 30 日，习近平在中国文联十大、中国作协九大开幕式上的讲话。

（一）宏观上看

1. 创业缺少足够的政策支持

艺术院校大学生创业和其他院校大学生创业一样，面临的政策保障、制度支持和文化氛围不足。税收减免或者优惠政策可降低创业成本，减少创业风险，对创业者是一种正面激励。但是，现有的大学生创业政策法规不仅仅发展较滞后，而且全国性的针对大学生创业的政策法规和税收优惠措施往往门槛较高、实施较难，且各地并没有因地制宜制定相应配套的实施办法。艺术院校的大学生创业往往以创意设计为主，在争取资金支持和政策支持的时候，也没有针对性的专门资金。

大学生创业融资难，集中体现在融资渠道单一和不畅。普遍来看，大学生创业资金很大一部分来自家庭，其次来自银行政策性贷款、政府创业专项基金和创业风险投资。由于风险投资对项目进展程度要求较为严格，所以大学生创业资金除了家庭自筹之外，还主要来源于银行政策性贷款与政府创业专项基金，而这两个渠道存在数量少、效率低的现象，税收优惠的期限短、限制多，致使政策基本处于无效状态。银行贷款方是标准的“经济人”角色，他们出于成本和利益考量，顾及提供大学生创业贷款所承担的风险，不会对仅仅拥有一张学生证的大学生创业特殊照顾。

对创业者常用的风险投资来讲，由于我国资本市场的发展还不完善，大学生目前也未获得风险投资公司的充分信任。大部分大学生是靠家庭的支持完成大学学业的，几乎没有可供抵押的资产，无法顺利进行风险投资。艺术类专业大学生创业往往生命周期更短，如果融资时间较长，创业即终止。

政策不配套，政策落地力度小，资金不足，俨然已对大学生创业形成了客观上的制约。

除政策本身存在的不足外，在政策实施过程中，有的高校管理部门对政策的重视不够，把握政策的能力水平差，政策运行机制不健全，如政策宣传、监督机制和政策评估机制欠缺等，致使政策没有真正落地。如在支持大学生创业方面，政府确实提出了一些扶持政策，但是其中有些政策很难操作，有些在执行过程中变了样，尤其是在经营领域、融资渠道和税收优惠等关系到大学生创业的关键问题上，创业的大学生们并没有享受到真正的扶持，导致他们无法实现预期目标。①

2. 创业社会氛围不够浓厚

自挑战杯大学生创业大赛、创青春全国大学生创业竞赛、“互联网＋”大学生创业大赛等大学生创业竞赛举行以来，艺术院校的他业大学生都积极参与，但是鲜有专门针对艺术院校的大学生创业而举行的竞赛，所以艺术院校的创业大学生竞赛意识相对不高。很多高校，热衷于扩大招生、片面追求就业率，没有兼顾学生的创业需求，在校园文化项目设置上缺少应有的创业引导与激励机制。社会上，针对大学生创业的热情不高，认为大学生创业更多的是做一些辅助性的工作，是“打工”，缺少应有的社会认可和激励机制。而大学生是否选择创业会受到社会文化氛围及人们对待创业的态度的直接影响。当前，人们对创业的价值认同存在差异，往往认为只有在就业不成、找不到好工作的时候才会无奈选择创业这条路。提出“以大众创业、万众创新，真正带动就业”反映在大学生创业身上，有时会显现出一种十分功利的就业观，而没有从更高层次上看到创业对于国家、社会、个人发展的重大意义。目前，创业者的社会地位不高，尊崇创业的舆论氛围不够浓厚，对成功典型激励、宣传不多，对创业失败者的鼓励、帮扶不够。甚至还有一些人认为大学生创业只是一时冲动，

① 陈振明. 政策科学——公共政策分析导论［M］. 北京：中国人民大学出版社，2008：245.

瞎折腾，是不成熟的表现。

从大学生创业的社会实践场所上看，实践平台大都是由企业提供，而企业往往出于自身利益的考虑，参与意识不高。高校的创业教育具有较强的实践性，其重点在于培养创业实践能力。然而，目前高校的创业教育同企业的联系不够，使得创业教育缺乏真实性和有效性。企业愿意合作往往是基于高校大学生可作为廉价劳动力，但是企业这种提供创业基地的初衷对渴望创业的大学生而言是不利的。这种情况下，创业大学生从企业实践平台上获取初始经验的情况与创业教育目标相差较远。学校为学生提供实践学习平台方面所做的努力也有一定的局限性。高校与企业的联系不够，没有形成创业孵化器的体制机制，缺乏实业界的支持。另外，由于大学生创业的数量少、成功率低，企业对大学生创业教育难以产生浓厚的兴趣。这种不能够提供实践平台，使学生将所学到的理论知识运用于实际操作的教育方式，不利于激发大学生的创业意识，不利于他们真正认知创业，而缺少在企业历练的第一手经验也会影响大学生创业的成功率。

3. 创业教育不成体系且力度不够

目前，从国内部分高校开设的创业课程来看，课程更偏重职业规划、经济学理论的宣教，缺少有针对性的激发教学；而面向全体学生的从小学到大学的创业课程知识和实践活动普及教育没有形成一定的体系。我们目前的创业教育深受“应试教育”思想的影响，要想有所改观必须从教育任务、教学目标以及教师绩效激励等多角度进行改革。另外，社会对大学生创业的关注度不高，没有设立为大学生创业提供服务、支持和帮助的组织，缺乏创业培训和创业服务等社会服务体系，而高校创业指导机构更多的是流于形式，缺少激发创新精神的动员能力。

目前大学生创业教育中思想政治教育的教育方法比较单调乏味，侧重抽象的理论意义，缺少对课程设置的创新，跟不上时代的步伐。

一方面，在高校从事创业教育的教师，绝大部分没有经历过创业实践，没有受过系统的创业教育，他们多按照学校既定的教学方式进行课堂授课，把既有的知识体系传递给学生且以理论形式为主。从笔者对天津高校做的针对大学生创业的相关调查可以看出，有一半以上的学生主要是通过学校开设的选修课完成选修学分而被动地参与高校创业教育；学校在实际教学过程中没有根据学生的专业特点，分类指导学生的创业态度、创业规划、创业理念、创业风险预判等，更没有考虑到每个学生本身的性格特征、特长等要素禀赋的差异性，这种没有互通互动的课堂教学与创业教育的本质相去甚远。

另一方面，就教育教学本身而言，我国对创业理论和实践的研究都较少。由于我国市场经济起步较晚以及经济管理领域对创业领域的重视不够，导致我国对于创业问题的研究，特别是保证良好运行的相关机制研究相对较少，难以对创业教育有现实的指导作用。同时，由于世界各国社会文化的不同，我们也难以完全直接引用国外的相关研究成果。教师在教授创业课程时存在照本宣科的现象，市场上关于创业的教材质量参差不齐，选用的相关教材多是国外的版本，与我国大学生创业实际差距较大，而且创业教材并没有专业分类。从教师角度看，教师没有对创业课程的社会、经济、文化环境进行足够分析，没有将课程和创业案例相结合；从管理角度看，高校对这方面投入的资金、资源十分有限，为大学生创建创业实践基地往往流于形式，没有发挥应有的带动作用，有的高校甚至缺少创业实践基地。

4. 大学生创业教育与思想政治教育未能有效融合

有很大一部分人认为创业教育就是传授创业步骤、创业模式、创业政策法规就可以了，然而，这样的创业教育忽视了创业的方向性指导，忽视了创业的思想教育。大学的创业教育不仅仅要提升学生创业者的创业知识和技能，还应激发他们的创业意识、创业精神、创业激情，通过实践来磨砺学生的创业意志，提升其心理素质，培育大学生拥有健全的创业人格和独特的创业个性，把自己的创业点子激活，把自己的创业规划付诸行动。这样一看，创业教育内容就明显与思想政治教育相互联系、相互渗透，创业教育离不开思想政治教育的指导，需要思想政治教育发挥其功能与优势，更好地为大学生创业教育服务。只有将思想政治教育融入创业教育之中，才能保证创业教育不偏离方向。根据问卷调查我们可以看出，被调查大学生创业的目标不明确，很多人仅仅是经济动因，这样的心理状态说明了当前高校创业教育中不可或缺的思想政治教育并没有得到足够的重视，应最大限度地发挥它的效用，以激励大学生用创业斗志，实现青春创业梦想。

5. 大学生创业的思想政治教育导向机制和创业的激励机制尚未建立

大学生创业不是无法就业的一条退路，而应是一条认真思考、慎重选择的有意义的自觉行为，仅仅为了完成就业而去创业是“伪”创业。大学生创业需要一种科学、规范的机制来引导，要鼓励创业学生敢作敢当，要敢于承担风险，迈开步子，找准点子。大学生创业需要一种良好的社会氛围去引导，不仅要鼓励他们创业，更要让他们知道如何创业。目前，大学生创业的激励机制尚未建立，社会对大学生创业的认可度不高，缺乏创业的社会公平和宽容的接纳环境，以及创业过程中的褒奖机制。社会应该降低创业者的门槛，简化准入手续，强化基础设施，规范市场环境，降低创业者的社会运行成本。同时，要让成功的创业者站得更高，看得更远，发挥示范带头作用，更好地宣传创业。当前，大学生创业教育中思想政治教育的目标明确，但是配套措施不具体，导致创业中的思想政治教育作用不够凸显。

目前，大多数高校侧重于对创业技能的培养，缺乏对市场创业的环境、大学生创业目标、创业动机的分析，导致大学生创业教育中思想政治教育的教育内容缺乏针对性。首先是大学生创业教育中的思想政治教育内容没有贴近创业者的心理状态、切合他们的创业思想。很多惧怕创业的大学生因为承受不起挫折而放弃创业，这种心理状态决定了大学生对于创业的态度和看法。现在很多大学生是“90后”，与“80后”那一代人相比，其生活、社会各方面条件要优越很多，在一定程度上可以说处于养尊处优的状态，因而他们的勤俭节约、艰苦奋斗的意识较为淡薄，无论是对于自主创业还是普通就业都喜欢求稳。而我们的思想政治教育在这方面仍旧处于缺位状态，更没有针对引领大学生创业教育的思想政治教育的相关安排，这也客观导致高校的创业教育不能够激发出大学生的创业意识。其次是高校创业教育中的思想政治教育在引导大学生学习创业方面力度不够。部分大学生创业是出于应对当前严峻的就业形势的无奈之举，被动参与创业，这样就容易在创业过程中产生功利主义倾向，急功近利，急于求成，一旦遇到挫折就无法应对，结果就是败下阵来，进而动摇创业的决心。再次是高校对创业教育中的思想政治教育缺少分类指导。大学生在不同阶段有不同需求、不同想法，不同年级、不同专业的大学生对创业的认知、态度以及他们自身心理发展特点不完全一样，思想政治教育应该针对具体问题具体分析，进而做出有针对性的指导。最后是创业教育中的思想政治教育理论内容没有形成体系。创业教育中的思想政治教育应该成为集理论与实践于一体的创业思想指导体系，而当前的思想政治教育没有将创业教育积极地渗透各学科教学之中，专业教育和基础知识的学习相脱节，未能发挥创业课程应有的加强和改进大学生创业思想的政治教育阵地的效果。

（二）微观上看

1. 创业意识不足，缺少应有的创业指导

据了解，有的学生进行创业活动具有功利心态，仅仅为了创业奖金或相应的奖学金，或为了入党评优。人生需要激情，创业更需要激情。当今大学生的创业意识普遍不强，缺乏深入项目实际进行市场调查的能力。有的大学生开始创业时，没有考虑项目是否具备市场适应能力，项目缺少可行性，这样容易失败。目前高校创业基地在筛选创新点、产业选择、项目的市场经验指导等方面没有深入跟进，导致创业学生在创业时对项目的市场生存能力认识不足，即便有创业的愿望与激情，但真正面对激烈的市场竞争时，还是会因知识储备不足败下阵来，挫伤创业积极性。大学生创业时如果仅凭自己的团队就想选出一个有投资创业前途的项目，实在很难，所以创业指导如果缺位，社会经验的不足特别是市场化经营运作经验的不足，势必给大学生创业带来失败的风险。

2. 创业素质不足

创业素质就是创业应具备的条件，创业者除了要具备一般的团队意识、专业能力、组织管理协调能力、精神力量和心理素质外，还要有创业激情、坚韧的毅力、敏锐的观察力、果决的判断力，以及拼搏和百折不挠的精神。一部分大学生创业者由于创业知识储备不足，只有理论和技术知识，而对实际的项目运营和管理知之甚少，当创业企业成立后难以完成由技术人员向管理和经营人员的转化，这对企业的生存和发展产生了很大的障碍。即便是管理相关专业的大学生在创业中也难以得心应手。

3. 大学生创业融资意识和能力不足

创业并不是仅凭热情就能完成的，需要雄厚的物质基础来作为支撑。创业资金的筹集对于每一个创业者来讲都是至关重要

的。特别是艺术类高校的学生，本身对金融专业的知识知之甚少，有创业意愿的大学生中除了金融等相关专业学生外，大多对融资及信贷的政策不了解，不了解创业融资的主要渠道，这会错失很多融资机会。对风险投资的运行方式，很多大学生了解更少，所以就艺术院校大学生创业而言，自身融资意识和能力的缺乏成为他们创业融资渠道不畅的最大障碍。而目前政府创业基金对创业项目的资助金额远远小于实际所需，由此来看，不解决创业资金问题，谈大学生创业就是纸上谈兵，创业就变成了“创意性思考”。

可见，高校学生在创业过程中确实存在许多障碍性因素。大学生创业基本素质不高、创业资金缺乏、社会经验不足、创业认识不足导致目标定位不切实际、缺乏成熟的创业体制环境和政策环境等，都使得大学生创业困难重重。但是有一点很重要，就是一定要用创业精神来激励、帮助大学生树立创业目标，发挥思想政治教育主阵地的作用，而这些正是上文所展现出来的问题的解决路径。

二、艺术院校大学生创业教育政策环境研究初探

政府应该制定切实可行的创业政策，创造有利的创业外部环境、制度环境，为创业提供相应的制度关怀与政策支持。创业政策的有效实施能够激发创业者的创业动机，发掘创业机会，提高创业动力，增强创业技能，从而实现创业。大学生在创业的过程中，不仅应该充分发挥内因作用，发挥自身的主观能动性，同时还要积极利用国家的政策支持，把政策的扶持和自身优势相结合，这样才有机会在激烈的市场竞争中脱颖而出。创业政策的社会效用体现在两个方面：一要塑造良好的创业环境，二要激励更多人加入创业。而大学生创业项目的顺利实施，创业实践的成功开展，不仅仅需要依靠大学生的自身努力，依靠学校的创业教

学，同时还需要国家对创业的政策支持。在大学生创业方面，政府应当研究出台有效的创业政策，鼓励创业，打造创业者能够施展才华的精彩舞台，以各种创业创造出新的经济增长极，为经济社会带来新的内生驱动力。

（一）大学生创业教育政策环境存在的问题

当下我国政府针对在校大学生和应届毕业大学生制定的创业扶助政策主要体现在直接补贴、奖励金、创业小额贷款和资金担保、简化企业注册程序等方面，政策服务相对单一。虽然政府能够为创业活动提供小额免息贷款，税务部门在大学生创业初期减免税收，这样的政策支持的确可以为大学生创业初期提供助力，但是在创业过程中却没有体现出政策的连贯性。政府在提供一站式创业服务，提供相关信息、培训和企业孵化器等方面还有待完善。与此同时，当下我国一些地方并没有创造一个良好的有助于创业的社会协同的政策环境，没有充分调动社会各界的力量对大学生创业活动的实施提供支持。综合来看，问题突出表现在如下三个方面：

1. 创业政策不配套

创业政策往往原则性比较强，可操作性不太高。所有的政策几乎都面临着这样一个难题，就是实际操作和执行力度跟不上，服务于大学生的创业政策也不例外。我国服务于大学生的创业政策只是阐述了基本原则和总体方向，现有的创业政策往往侧重激励和引导，可以落实的政策实施细则还未出台，并且与政策配套的责任界定、政策的执行程序等服务体系还没有建立起来。

首先，没有把创业教育纳入我国高等教育公共政策的基本框架内，宏观上看，现有的教育基本政策及具体政策在鼓励创业方面力度很小，没有提出太多引导教师培养学生创新能力的政策，在高校鲜有将学生创业与教师发展相关联的，在教师的职称评定以及晋级加薪的有关政策中没有关于对学生进行创业能力培养的有关约束条款。正因为这种政策环境的缺失导致创业教育在课堂上仅限于照本宣科，教师也只能在基础理论方面做一些介绍，在传授创业应用型知识和实践经验以及培养学生创新能力和思维模式方面，明显力不从心。

其次，创业教育培训政策不完善主要体现在课程不完善、师资力量缺乏。部分从事创业教育的教师缺少实战与商业管理经验，不能够很好地将理论与实践相结合，不能够将优秀的企业家的丰富实践经验编写成符合大学生心理的创业实用教材，也不能够在课堂上为学生答疑解惑。如果没有一支合格的、优秀的师资团队，我国的创业教育培训政策的制定和实施必定难以落到实处。

最后，创业教育课程体系不完善。我国各高校的创业教育课程因为教材的内容质量参差不齐而在课程设置等方面相差较大。在很多高校，创业教育仅仅停留在创业计划竞赛等活动的组织策划层面，系统的创业教育的概念还没有走进学生课堂。

2. 创业场地和资金等政策支持不够

大学生创业的一个关键问题就是融资渠道不完善。首先，大学生创业融资渠道窄且单一，在和非大学生创业的公司进行资金申请的竞争时显出弱势，而且为大学生融资服务的机构很少。在现有金融机构中，缺少专门的针对大学生创业的金融机构，大学生缺少抵押资本，这是他们难以获得创业启动资金的重要原因之一。

其次，在场地租赁等大学生创业经营场所方面没有保障，有的领域还没有完全向大学生开放，对于某些行业和领域，国家有限制条件和标准。大学生创业者在选择经营场所等方面存在一些限制，只有“租借房、特定的家庭住所和临时性商业用房”才有作为创业经营场所的资格。我国现行的创业政策主要集中在税费减免方面，其他内容涉及较少，且缺乏连贯性。

另外，由于制度体系不健全，很多大学生创业者还处于地方政策限制的尴尬境遇。创业限制条件过多，导致很多大学生创业者无法真正享受到这些优惠政策，进而导致许多大学生创业意愿高、参与度低。各地的扶持政策未得以有效的贯彻执行，一定程度上制约了大学生的创业发展。受创业政策的制约和创业环境的限制，加之市场经营成本上升，并且大学生创业还要适应不断变化的政策及环境，这就使得大学生创业异常艰难。

3. 创业服务政策宣传力度较小、定位较低

一是缺少相应的创业宣传政策和能够引起社会认可的舆论引导机制。新闻媒体往往忽略对大学生创业的动员和宣传，很少开设专门版面系统地宣传创业政策，追踪报道创业典型，导致大学生创业的社会环境较差，社会认可度相对较低，成长较难。对创业政策的宣传力度不够，导致大学生创业获取信息的方式局限在网络媒体、校园宣传栏等方面。

二是创业政策定位较低，不符合青年学生创业的价值追求。一些创业政策只是为了解决大学生就业的问题，引导的主要方向是鼓励大学生开展小型的、简单的个体经营。特别是有些地方在落实创业引导政策的时候，明确限制了从业范围，只有家政、快餐、打字复印、物流快递、教育培训等相对低端且与大学当前开展的专业缺少对接的个体经营项目。虽然这类项目确实存在较为可观的市场前景，但与大学生所学专业及青年人的人生价值追求相去甚远，这样的创业定位远远低于大学生的心理预期，对大学生创业者来说缺少吸引力。所以这类扶持创业的政策从一定程度上说偏离了初衷，实际效果与政策预期不相符。

（二）大学生创业教育政策环境改善的途径

国家应该坚持以问题为导向，在充分调研的基础上，因地制宜，分类推进，对大学生创业形成全过程的政策支持。政策试运

行时形成双向交流反馈机制。创业政策的制定要注重及时接收大学生群体的反馈，也要及时分析整理社会各界的反馈建议，及时对政策细则做改进，提高创业政策的适应性。

1. 完善宏观创业制度体系

完善创业政策，强化创业激励。大学生是最具活力和创造性的群体，蕴含着巨大的创造热情和创业潜能。政策定位应当着眼于鼓励和引导大学生创业，积极营造良好的环境，加大政策扶持和引导力度，为大学生自主创业提供政策保障、构建绿色通道。要全面梳理现有创业、就业有关政策，把扶持政策统一到“以大众创业、万众创新，真正带动就业”这一导向上来，把创业项目开发与创业培训结合起来，建立项目开发、创业培训、小额贷款等相结合的创业机制。政府应制定相关政策，积极引导各类金融机构加大对大学生创业的支持力度，简化小额贷款担保手续；对符合条件的大学生创业者，经办金融机构可适当扩大贷款规模。要完善宏观创业教育体系，最终建立宣传动员、新闻报道、金融支持和监管、创业教学管理等一系列的政策体系。

从长远来看，还要积极分析当前创业遇到的相关问题，根据问题指向，完善大学生创业的相关法律法规，为创业提供专门的法律保护，推进大学生依法创业。政府特别要做到两点：一是倡导大学生创业的投资主体多元化、投资方式多样化，主动解决创业场地设置方面的问题，充分利用闲置厂房、专业化市场等适合创业的中小企业聚集场地，建设具有滚动孵化功能的创业辅导基地，让自主创业的大学生理清创业思路，提高创业技能。二是通过新闻宣传渠道，主动作为，树立一批创业典型，推广一批创业成功经验，提高典型案例的示范推动作用，为大学生创业提供榜样。

2. 促进校园创业组织管理制度建设

高校是创业政策执行的“最后一公里”，这个创业政策能否有效实施，高校发挥着非常重要的作用。高校对创业的引导组织管理制度可以为大学生创业素质培养提供有效的体制机制保障。高校与政府形成合力，促进创业政策落地。高校应充分调动辅导员、思政课教师、创业专业课教师的积极性，宣传创业相关的政策和制度，同时也要通过大学生创业反馈信息来推动政策法规的制定与细化。高校要完善组织管理制度，将大学生创业素质培养纳入学校重要议事日程，成立专门部门来统筹，特别是要成立专门的领导小组（如成立由书记、校长负责的大学生创新创业领导小组），建立大学生创新创业中心，统筹管理学校创新创业工作，做好大学生创业政策执行和实施要求，推动学校相关职能部门在大学生创业时各司其职，同时又积极配合，有效提高大学生创新创业素质培养的合力。

同时，大学生创业领导小组和专职部门应该积极做好工作部署，明确部门的管理细则，对国家出台的相关创新创业政策及时进行宣传解读和贯彻执行，及时解决大学生在创业过程中出现的各种问题，真正发挥管理阵地的作用；特别是强化精神激励和物质激励，创新高校激励制度，建立大学生创业基金和创业奖学金，对在创新创业方面表现优秀的教师和学生提供一定的资助和物质奖励；充分调动高校师生创业的积极性，激发教职工关注大学生创业，有意跟进和改进课程设置，激发大学生主动根据创业政策进行有序创业。

3. 建立高校创业教育教学管理制度体系

几乎每个高校都有相关的创业管理的组织机构，但不是每个高校都有专门的创业教育课程。高校应建立创业教育教学管理制度体系，依托思想政治教育教学管理体系，使大学生形成完善的创业知识结构，坚持以人民为中心的创业导向。

一是构建完善的大学生创业课程结构。高校应将大学生创新创业从大学生职业生涯规划、大学生就业指导中独立出来单独设置，结合各专业实际，分门别类进行创业教育教学，并把这类课程纳入专业必修课；要在全校范围内打破专业限制，扩大各专业之间的有机融合，这样既有利于大学生创业时团队成员的专业知识互补互助，又可以增加大学生创业创新点的启蒙和驱动；开设各类关于创业教育的选修和必修课程，不断调整各专业学生在创业知识结构上的不协调状态。

二是建立考试激励制度。高校应在创业课程考核上多下功夫，不断量化考核内容，让大学生的创业成果得到认可，甚至弥补在其他课程上的不足，即把创业教育课程成绩纳入总成绩。对创业成绩优秀的学生，学校可以酌情进行奖励等。

三是创业教学目标要以培养创业精神为导向，让创业学生具备真正弄通、做实创业的社会责任感和使命感。

四是加强创业心理辅导。高校可通过培训使大学生克服不敢创业、不愿创业、怕冒风险、害怕失败的心理，提高创业自信心。最重要的是培养大学生关注形势、关注时事、整合资源、识别机会的习惯与能力。通过创业课程教育和培训使他们学习如何正确辨识和把握创业时机、高效组织创业团队、充分发挥团队合作意识等，不断提高创业能力和水平，提高创业的成功率。

五是将形势政策教育融入创业教育。在创业教育课堂上，教师要多进行创业环境分析和创业政策剖析，让创业学生第一时间了解国家和社会的支持政策，结合团队的优劣势进行分析，同时引导学生对政策进行理性的思考和冷静的分析，重新评估自己的想法。

另外，政府还应该在以下几个方面继续下功夫：

一是降低大学生创业者市场准入门槛，放宽对新办企业注册资金和经营场所的限制，简化程序，提高效率。

二是提升大学创业能力培训的水平和力度，健全创业培训体系，将有创业愿望和培训需求的人全部纳入创业培训的对象范围。

三是拓宽大学生创业者融资渠道，积极探索抵押担保方式创新，对符合国家政策规定、有利于促进创业带动就业的项目，鼓励金融机构积极提供融资支持。

四是提供更为宽松的市场环境，不断简化审批、办证手续，开辟大学生创业“绿色通道”，要求全面落实鼓励创业的税收和贷款优惠政策。

五是为大学生创业者提供一体化的公共服务共享平台，组织开展项目立项、项目设计、风险评估、投融资服务、跟踪扶持等系统化服务，建立创业信息、政策发布平台，搭建大学生创业者的共享互助渠道，形成高校、政府、社会三位一体的创业教育支持体系。

大学生创业教育的推行离不开社会各界的大力支持，社会各界应该群策群力，协同推进大学生创新创业的开展，为大学生提供更多的具体的创业教育实践机会，使有志于创业的大学生通过创业实践提高个人能力，锻炼沟通交往能力，不断开阔眼界和思维，提升判断力。此外，政府应合理运用互联网思维，通过年轻人青睐的门户网站、微博、微信等平台，有针对性地大力宣传国家对大学生创业的支持。有效的宣传可以提高大学生对创业的兴趣，产生接受创业教育的需求，使人们对大学生创业教育实施的可行性有一个全新的认识。

最后，政府应鼓励各高校广泛、系统地开展创业教育，积极开发和创新有特色的、有区别的创业教育课程体系。政府鼓励企业为大学生提供实践机会，鼓励大学生创业，不断探索开展校企合作的模式，创建校企合作平台，让高校大学生深入企业参与实习，让他们能够在真实的实践过程中增强创业技能，学习企业管理知识，掌握第一手创业经验。这不仅有利于营造全社会认同感，增加社会力量帮助大学生创业，还有助于培养高素质的创新型人才。呼吁社会各界力量支持高校创业教育，不仅要在高校加强管理、引导层面上下功夫，还需要企业、非营利组织等社会力量的合力。

三、艺术院校大学生创业教育应与思想政治教育相契合

艺术院校大学生创业教育与思想政治教育的契合，旨在解决好创业教育对大学生的世界观、人生观、价值观的影响这个“总开关”的问题，引导青年学生自觉做共产主义远大理想和中国特色社会主义共同理想的实践者。我们期待通过思想政治教育让艺术院校大学生能够补足精神之钙、铸牢信念之魂，不断纠正大学生对创业教育的认知偏颇，以对学校创业计划的期望和认同达到预期的效果。创业教育的根本价值在于发挥大学生的想象力，不断培养学生未来在社会中的适应能力和生存能力，增强他们的创新意识、合作意识、诚信意识、担当意识，增强他们领衔开拓与合作开拓事业的创业精神和创业能力，为全社会创业文化建设发挥辐射作用。艺术院校应以思想政治教育为导向进行创业动员，以思想政治教育的理论培养创业者的创业精神和创业品质，将思想政治教育融入创业教育。结合时代特征与社会发展的需求，在不断完善大学生创业教育知识结构的同时，最大程度激发大学生的创业热情与创业意识，以此培养创业者的创业精神与创业品质，砥砺创业大学生的意志力，增强大学生的创业实践能力，并为高校的创业教育提供良好的方向保证，从而健全创业者独立的创业人格，促使创业大学生走好创业路。

（一）大学生创业教育与思想政治教育的内在联系

大学生创业教育中的思想政治教育，是针对创业需要开设的一种新式教育，是大学思想政治教育的一部分。将思想政治教育融入创业教育，能够有效提升创业的成功率，促进创业者的全面

发展。

一是大学生创业教育和大学生思想政治教育存在一定的一致性。二者都可以归类于高校教育，都可以促进大学生的全面发展，都是现在大学教育的应有之义。创业教育是推动创业实践、健全学生创业人格的应用型教育，而思想政治教育本身也是端正精神品质的信念教育。二者都致力于大学生素质的提升和全面发展。思想政治教育和创业教育都需要通过实践来强化，通过项目实践锻炼来得到第一手经验资料。二者都体现出以人为本的思想，注重发挥学生的主观能动性，最大限度地挖掘学生的潜能，激发学生进行自我管理和自我完善的能力，促进学生自由全面的发展。

二是创业教育和大学生思想政治教育具有差异性。二者内容、结构、研究对象以及所遵循的规律不同。大学生创业教育所涵盖的内容更具创业的针对性，包括增加学生的创业知识，提升学生的创业综合素养和创业能力等；而大学生的思想政治教育内容涉及范围比较广，包含学生的世界观、人生观、价值观、道德品质、心理健康等。

三是二者相辅相成，互为补充。思想政治教育侧重于学生理想信念的培养，是指导学生形成健康向上的世界观、人生观、价值观的主渠道，是艺术院校内涵式发展的重要组成部分；创新创业教育是思想政治教育扩展和深化的必然要求，也是适应当前社会发展的需要。艺术院校要培养德艺双馨的人才更需要加强二者的融合。

（二）大学生创业教育中思想政治教育的特点

1. 正面引导和正向激励

正面引导与弘扬社会主义正能量，传承中华传统文化，弘扬社会主义核心价值观，弘扬主旋律等，是大学生创业教育中思想政治教育的鲜明特点，正是因为这样才确保了高校大学生的创业方向。创业时，创业者的创业意识、创业动机以及创业目标对创业活动具有重要影响，但是创业教育在培养大学生自主规划创业发展方向、树立创业梦想的时候还需要端正选择方向，把创业者的创业动机引导到主旋律上来，弘扬真善美。而创业教育中的思想政治教育能够对创业者起到思想上的矫正作用，在创业过程中把创业方向选择建立在服务社会、服务大众的基础之上，引导大学生树立符合新时代中国特色社会主义现代化事业发展方向的创业目标，将实现自我价值与社会价值统一起来，端正世界观、人生观、价值观。这就是由大学生创业教育中思想政治教育首要的思想导向性所决定的。

2. 时代使命感

创业教育中的思想政治教育要为大学生创业教育服务，为学生服务，为国家、社会和时代的发展服务，这是大学生创业教育中思想政治教育的一个显著特点。我国的大学生创业教育研究水平不高，仍处于探索式发展阶段，需要结合各类学科知识相互作用、相互渗透，尤其是需要将思想政治教育内容融入其中，为创业教育提供服务，只有这样才能真正体现我国创业教育服务大局的本质。大学生创业教育中的思想政治教育会让创业者意识到，我们的教育是结合社会主义市场经济发展的实际需求、大学生的创业心理发展特点，以及新时代中国特色社会主义的最新实践来进行的，是明确服务于学生、服务于国家和社会的。这样的创业教育有利于大学生从心理上感受到社会的包容，明确时代的使命，更好地将创业教育中思想政治教育所涉及的创业精神、创业道德品质、创业心理品质等内容行之有效地激活，在创业实践过程中把所学到的知识、所锻炼的能力、所积累的综合素养表现出来，规范自身在创业过程中的言行与品德，以更好地帮助自己顺利创业，实现自身创业理想，实现个人理想和社会理想的统一。

3. 塑造健全的创业人格

高校所设置的创业教育相关课程缺乏长效机制，容易断层；而大学生创业教育中的思想政治教育依托于大学生创业教育课程，或是思想政治教育公共基础课程。一般情况下，大学生创业就业指导中心、各级党团委等学生管理部门，将思想政治教育内容渗透于这些教育实践活动中，通过思想政治教育一系列方式方法引导大学生树立正确的创业意识和创业动机，培养大学生具备创业过程中所必需的创业意识、创业精神、创业道德品质、创业心理品质等。而创业综合素养的提升是一个长期过程，需要我们将思想政治教育渗透大学生的创业教育之中，渗透大学生的专业知识教育、实践教育活动之中，渗透大学生校园生活的实践领域，利用各种教育途径（包括党团活动）最终渗透创业者的心中。这种思想政治教育的结果，比起单纯的创业教育说教更易于让大学生接受，有助于帮助他们塑造健全的人格。

（三）大学生创业教育中加入思想政治教育的主要途径

1. 以思想政治教育为引领厚植创业文化土壤

高校不仅仅要将思想政治教育课程、创业教育课程和大学生所学专业课程有机结合，还要从更大程度上培植校园文化。艺术院校应结合自身的特点，积极探索符合学校实际的方法和路径，在专业课程中融入思想政治教育与创业教育功能，实现知识传授与价值引领相结合的课程目标。

一是宣传动员。艺术院校要形成思想上紧跟时代步伐的创业文化，往往需要经过长期的积累和深入的宣传动员。在校园内营造良好的创业文化环境，需要学校相关部门进行全方位的创业动员宣传，通过各种思想阵地进行鼓励和支持创业，积极宣传创业的重要意义，发挥大学生创业榜样的示范带头作用。特别是要发挥社团组织在广大学生中的影响力和感召力，努力实现对创业政策的广泛宣传，积极引导优秀学生创业，在校园中形成崇尚创业、勇于创业的文化氛围。

二是开展创业文化教育。创业文化教育是将创业教育和思想政治教育融为一体，在高校开展系统的创业文化教育。艺术院校可以将创业教育融入思修课、职业生涯规划课、就业指导课的教学中，还可以开设与创业教育相关的课程。

三是举办创业实践活动。文明的校园文化是创业教育的阵地，艺术院校可牢牢抓住创业文化培植的实践性、渐进性特点，坚持以学生为本，以创业实践为中心，开放、包容地开展创业文化活动，通过社团组织开办各种创业设计大赛、创业座谈交流会，邀请知名企业家来校进行专题讲座，让学生感受榜样的力量。如此通过种种方式开拓大学生的创业文化视野，交流相关创业的问题。

2. 与社会融合，寻找创业的社会关怀

当前，受国家“双创”政策的影响，社会对大学生创业实践的关怀和支持力度增强，大学生创业意向也随之增强。可见社会宽容接纳的政策环境对大学生创业具有积极的促进作用。社会舆论引导在大学生创业方面发挥着重要作用，对大学生创业点的发掘、创业所持的主张、创业的态度都有非常重要的影响。积极的社会舆论环境对加强大学生创业教育具有积极意义。我们通过思想政治教育，鼓励大学生正确认识和把握社会的政策环境，及时更新创业观念，让创业观念更具社会性和时代性。从社会角度进行创业引导型的思想政治教育能够帮助创业学生树立大创业观，更好地形成创业社会共识，更好地发掘创业点，也以更加社会化的视角去增强自身的社会认同。只有深刻理解大学生创业的外延，树立大创业观，全社会才会形成良好的氛围，才会从物力、人力、财力等各方面支持大学生创业，从而为大学生自主创业提供支持。思想政治教育和创业教育，要在注重宣传上下功夫，主导校园和社会舆论正向环境的形成。创业离不开社会舆论的广泛支持与接受认同，政府应该加大正确的舆论引导力度，组织开展全国范围的创业活动，由媒体广泛配合，大力宣传创业，全面提高全社会的创业意识，使越来越多的人对创业者尊重并支持，从而为大学生创业倾注更多关怀与帮助。

3. 利用互联网，培养健康的网络创业环境

伴随着“互联网+”的发展，互联网将全面而深刻地影响人类的生产、生活和交往，重塑社会的经济生产方式、政治参与模式、信息传播渠道等。作为社会整体中的有机组成部分，高校的网络化趋势同样引人关注，这对大学生创业教育工作造成了不小的影响。面对新形势、新挑战，高校应该积极进行网络舆情管理、网络文化建设和网络素养教育，形成优良的大学生创业教育网络育人阵地，防止不正之风侵袭创业教育。艺术院校可提高运用网络服务学生和培育学生的能力，提高媒介素养和运用新媒体的能力，提升老师的网络舆情管理的适应能力和互动能力，探索在互联网上新的思想育人方式和创业服务方式；结合大学生创业者对于信息接收的需要，尽可能地通过新媒体与大学生加强创业宣传和互动，通过 QQ、微博、微信等自媒体进行广泛宣传动员；通过发送典型的有实践意义的创业案例，为大学生开阔视野和补充经验，与时俱进地培养他们的创业意识，激发创业激情；充分发挥互联网的优势，创建集网络教学、信息报告、咨询服务和创业项目孵化于一体的大学生创业教育信息平台，为创业教育提供服务，实现便利化的在线创业教学和思政教育培养工作，实现快捷便利的咨询服务。学校还可通过信息平台对优秀创业项目进行创业全程化指导和监管，为大学生成功创业提供咨询服务和实例指导；开设服务性创业网站，加大对创业典型的宣传力度，组织网上互动交流，使互联网成为弘扬创业文化的主阵地。网络是把双刃剑，学校务必要加强对网络的监管力度，坚决抵制有害

信息的侵入，为创业教育营造一个积极、健康的网络文化环境。

（四）大学生创业教育中加入思想政治教育的意义

在当今时代，和平与发展依然是世界主题，国家之间的人才竞争加强，那些具备创新思维、创业能力的高素质复合型人才，已经成为考量国家竞争力的重要方面。而高校作为人才的培养摇篮，承担着培养创新型人才的任务。受过高等教育的青年学子将会是构成这一群体的主要力量，所以在高校培养创新型创业人才可以说具有战略意义。此外，各大高校扩大招生使得近年来毕业的大学生人数不断增长，市场劳动力相对饱和，就业形势严峻。此时在高校大力推行创业教育，是适应我国经济社会发展需要的，同时也可以为新时代的中国特色社会主义现代化建设事业培养更多的创新人才。

1. 有助于提升国家的创新竞争力

习近平总书记在党的十九大报告中明确指出“加快建设创新型国家”这一任务，还重申“创新是引领发展的第一动力，是建设现代化经济体系的战略支撑”；在十九大报告的两个阶段中还提到，要在2035年基本实现社会主义现代化，提升我国的经济实力和科技实力，使我国跻身创新型国家前列。这是指引我国创新发展的战略纲领和行动指南。而建设创新型国家，其中的关键就是拥有人才，拥有具备创新创业精神的人才。进行大学生创业教育正是为国家培养和输送综合素质过硬的创新型人才的重要途径，它会最大限度地激发和培育学生的创新意识、创业精神，提升大学生的综合素质。实施大学生创业教育和相关的思想政治教育，能为国家培育出具备想象力、创造力和实践力的创业人才，促进我国自主创新能力的提升，推动建设创新型国家。

2. 有利于大学生主动应对严峻的就业形势

大力推进大学生创业教育是改革高校人才培养方式的创新性

举措。越来越多的大学生希望尝试创业，却苦于对创业的了解有限、自身创业能力不足而无法着手。大学生创业教育能够有效完善大学生的创业知识结构，充分挖掘他们的创业潜能，激发他们的创业意识。过硬的创业素质有助于提高大学生在就业时的竞争力，拓展今后自身发展的可能性。于高校而言，开发和提升学生的创业综合素质，培养出一支具备竞争能力的创业型队伍，将会进一步促进我国创新教育的长足发展。大力推进大学生创业教育是高校主动应对当前强大就业压力、严峻就业形势的表现。伴随着就业压力的同时，用人需求结构性矛盾突出，而通过创业，毕业生可以主动转变就业观念，积极应对就业压力。高校要加强就业教育和就业指导服务，强化创业教育，促进以创业带动就业。

3. 有利于培养大学生正确的创业价值取向

伴随信息时代和社会转型期的影响，社会思潮多元化发展，大学生在心理上面对着繁杂的信息，容易盲从。帮助大学生树立科学正确的创业观念，既是创业教育中思想政治教育的目标，也是创业教育中思想政治教育的过程。在教育过程中，思想政治教育能够联系大学生的实际，引导大学生在正确认识自我的前提下，把个人的创业理性选择建立在社会需要的基础上，将个人价值和社会需求有机结合起来。而大学生创业教育中的思想政治教育会引导大学生树立正确的三观，激励大学生树立正确的创业动机，将个人的创业目标向国家社会目标靠拢。思想政治教育通过外在的精神激励调动大学生创业的积极性，能使大学生形成正确的创业动机并转化为创业行动，从而不断朝着创业目标前进。

四、创业团队塑造

随着社会分工的细化，知识能力越来越专业化，有时尽管一个人的能力很强、阅历很丰富，仅凭一个人的单打独斗还是很难将一个项目做大、做强、做实的，必须借助他力，这也许就是团队的来由，团队是因为“被需要+有目标”而产生的。创业团队是创业项目的主体，对大学生创业成功与否起着至关重要的作用。我们希望通过分析创业团队的内涵和现状、创业者的基本素质，以及创业团队运作模式，主要来探讨艺术院校大学生创业团队建设的意见与对策，帮助提升其创业成功率与存活率。

团队是由两个或两个以上的成员为了共同的目标组合而成的队伍。团队目标的实现需要成员间协同、信任、知识互补和分工合作。一般而言，团队成员间正面积极的努力会使得团队绩效远远大于成员个人绩效之和，从而带来整体效益，但也会因为关键成员的错误行为导致团队目标功亏一篑。大学生创业是创业者从无到有创造一个新企业的过程，也是一个多要素整合互动的过程。由于大学生个人的创业知识和创业技能等方面能力有限，单枪匹马很难成功创业。因此，大学生创业最好结伴而行，组建自己的团队。笔者认为大学生创业团队是由两个或两个以上有大学生共同参与、共同制定目标和实施方案，并践行这个方案的组织。通过组建科学的创业团队，可以切实有效提升大学生创业的成功率。团队成员通过分工协作，能有效提升团队的综合能力，使创业团队各种资源形成互补和协同；与此同时，团队成员也能因为参与团队行动而收获团队归属感和个人价值。在“互联网+”时代，尽管获取资源的途径更加便捷，但是大学生创业依然是充满风险的活动，必须审慎而为。

（一）创业团队的现状分析

大学生创业团队通过互联网思维，借助“互联网+”，通过资源共享的方式成功获得了创业的基本资源。但是有一点，就是这种通过“互联网+”获得的第一手经验、第一手资料，带有普遍性，缺少针对性，因此，大学生在实际创业过程中还要根据自己的项目特点、团队成员思路和知识储备等因地制宜地结合实际进行使用。随着越来越多的大学生参与创业，大学生创业团队的建设和管理问题越来越凸显。尽管有的创业团队充满创业激情、具有较强的创业动机和创业基本素养，团队自身也拥有足够的技术和资金，但是最后仍失败了，这就是团队决策和管理机制等方面出现了问题。“没有规矩不成方圆”，团队必须进行有效管理和决策，否则就会偏离目标。一般而言，创业初期大家都会齐心协力，但是随着创业的推进，过程中总会遇到各种困难，这时候团队成员容易因为决策而产生分歧、冲突与矛盾。

1. 大学生创业团队拥有的优势

（1）时代带来的技术和信息优势。

团队在创业的时候借助“互联网+”，能够解决基本资源不足的问题，特别是共享经济提供的创业所需的第一手经验，大大减少了团队寻找项目资源的时间，解决了部分信息不对称的问题，提升团队对未知领域的初步认识和初步经验。通过信息共享技术，团队成员能够更加畅通地交流，如通过视频会议等方式随时随地进行沟通，也可以通过互联网共享平台将创业遇到的难题及时向上级管理部门进行反馈。这种优势就是信息多而全且可以共享，花费时间减少、沟通增加，基础设施在共享背景下更容易获得，比如滴滴打车等就是通过共享而解决了出行难的问题。

（2）大学本身的知识技能优势。

无论在体力、智力、创新意识，还是专业技能方面，大学生都有很大的优势。大学生好奇心强，乐于接受新鲜事物，再加上对互联网技术比较了解，容易熟练应用，使得其在创业方面有着得天独厚的信息资源优势。大学生创业团队能够较快地适应网络信息化带来的变革，可以更加从容地应对创业挑战。在项目和时代新事物的结合方面，也比较容易接受和理解，所以大学生创业团队的项目切入点往往比较新潮。由于高校开设的专业门类较多，大学生创业的时候很容易根据学校的专业设置，对成员的构成做出专业划分，这样就能形成相对合理的团队知识结构。

（3）年龄带来的适应能力等优势。

首先，大学生所处的年龄阶段，正是自信心、自尊心、荣誉感较强的年龄阶段，他们生活压力普遍较小，创业时间较为充足，加之可以从父辈那里学习相关的社会经验，所以大学生相对于其他创业群体而言适应能力强且富有活力，能够放开手脚、大胆尝试。其次，大学生一般住在校内，容易在校内群居生活时形成创业想法，也容易发掘团队伙伴。再次，大学生比较喜欢参加各种社团组织，通过各种活动捕捉创业创新点，结识不同专业的团队伙伴。此外，大学生群体往往来自五湖四海，所以在创业思路、生活背景等方面容易发表不同的新观点，对团队的成长具有促进作用。

2．面临的困境

（1）具体资源不足。

创业团队的某些资源尽管可以从网上共享获得，但仍有可能对国家一些政策的理解不到位，无法借助既有的政策准确定位创业项目、准确发力。另外，大学生创业团队还缺乏固定的资金、场地支持。当创业团队得以延续的资源耗尽之时，团队目标便会终止，创业便面临失败。

（2）团队成员不易固定。

大学生创业团队成员主要是在校大学生。首先，对学生而言，学习是第一要务，创业只是兴趣使然。当他们遇到考研、考公务员、参加专业比赛等情况时，一般都选择放弃创业，甚至选择退出创业团队。其次，大学生在校时间短暂，毕业之后也可能直接返回原籍或者到另一个城市工作，导致创业团队分裂。而且，大学生创业风险大，理想与现实差别较大，很多大学生因在创业过程中遇到的挫折和困难多而选择中途放弃，使得创业团队成员流失率高，创业团队的稳定性差。

（3）团队组成不合理，职权分配不清。

大学生为了梦想和激情开始创业，有的甚至掺杂着哥们义气等情结，往往没有明确的分工，缺少科学的管理、组织和协调，甚至缺少一套团队运行机制。即便是有组织管理，也很难根据团队成员的能力、知识储备等进行合理分工和定位，创业团队成员无法形成有效的优势互补。大多数团队没有根据创业的正确思路去筛选团队成员，无法进行有效的职权分配，导致职责模糊，在创业过程中易产生矛盾，为创业失败埋下隐患。

（4）团队文化缺失。

特别是在创业的初期，大学生创业团队由于缺少必要的知识，管理制度不健全，管理文化缺失，团队的管理制度往往是套用别人的经验制定的，没有实事求是地考虑自身的情况，随着创业项目推进，这种管理弊端显现，造成团队矛盾，引起团队凝聚力和归属感下降，最终导致团队分裂，创业失败。

（二）大学生创业者应当具备的素质

1. 较强的专业素养和知识储备

搭建创业团队，在团队成员加盟时，一定要充分发挥不同学科、不同专业团队成员的专长和能力，并且选择的团队成员专业基本功应当扎实。在团队管理机制建设上，一定要有团队培训和学习的内容，让团队成员可以通过相互学习相互提高，通过走访典型成功案例进行学习，通过分析失败案例砥砺自我。每个团队成员根据自身的分工，分头学习相关领域的知识，做到“知己知彼，百战不殆”。在团队学习上，形成团队成员之间相互依赖、相互包容、共享信息的良好机制，构建创业团队成员相互沟通交流学习的平台。

2. 坚强的信念支撑

信念在团队建设中十分重要。首先，从学校层面通过树立大学生创新创业典型榜样，使大学生认识并承担起自身肩负的创新创业使命和责任，正确处理好个人理想和国家理想、个人利益和国家利益之间的关系，将社会责任感转化为现实创业行动。这种动员和号召本身就是信念教育，可激发大学生的创业欲望。从整个创业过程来看，缺乏理想和信念必定难以持久发展，理想和信念可以决定团队的目标和前进方向，推动创业向前发展。教师应在创业课堂上和课余实践中引入实例分析，通过具体的实践并针对其中存在的问题，指导学生正确分析，打好创业的基础。①

其次，要摆正位置，有效沟通。创业不是简单的教师授课、学生学知识，而是需要团队成员平等地进行沟通。创业带有太多的不确定性，不可能完全按照教案、理论来按部就班，需要相互沟通。

再次，就是要加强大学生创业的综合能力的培养。创业理想的明确和创业信念的坚定来自大学生的自信，即坚信自己能够创业成功。而建立起信心的基础就是自身具有出众的综合能力，能够适应创业实践对个人能力的要求。在创业实践中，具备出色的综合能力是创业成功的保障，只有具备了出众的个人综合能力，才能在创业过程中底气十足，才能增强团队的整体实力，在创业中激流勇进。

3. 良好的道德品质

增强创业大学生的道德品质教育，提高创业学生的创业道德，使创业学生形成热爱工作的职业道德和诚实守信的高尚品德，是一项非常重要的工作。培养创业大学生优秀的创业道德，提高创业大学生创业过程中的职业操守水平，需要用社会主义核心价值观进行陶冶。创业一定要重视诚信，任何组织对外都是以

① 卢森幸，梁珊. 以理论与实践相结合的方式开展创业教育的探索［J］. 中国电力教育，2010（21）.

诚信立身。高校可以通过开展形式多样的主题教育活动和优化诚信道德教育环境，增强大学生对诚信的认知和理解，引导大学生在创新创业过程中树立职业规范意识，坚持职业道德操守，自觉抵制拜金主义、享乐主义和极端个人主义等腐朽思想的侵蚀，提高大学生尊重市场经济规则的意识，培养大学生诚信经营、依法办事、合法创业的现代市场经济道德品质。

4. 过硬的心理素质

过硬的心理素质，特别是创业者的心理健康在创业过程中十分重要，心理健康是影响创业与否的关键性因素。心理健康教育包括行为、精神、心理等方面，在此只择其重要者进行阐释。

首先，要增强大学生的抗打击能力以及面对挫折的修复能力。大学生创业者在最开始的创业活动中由于经验等方面的欠缺，很容易导致创业失败，很多心理素质差的创业者会一蹶不振，更有甚者会做出许多极端的行为，因此这很能考验大学生的抗打击能力和自我修复能力。如果大学生在遇到挫折后能够迅速找出失败原因，吸取经验教训，那么就会增加下一次创业成功的几率。由此可见，提高大学生的抗打击能力和自我修复能力是大学生持续创业的保障，也是大学生在挫折和失败中提升自己的必经之路。

其次，培养大学生沉稳冷静的性格，要坚持做到理性化，避免情绪化。由于创业工作繁重，市场环境瞬息万变，外界信息错综繁复，在这样的外界环境下，大学生创业者容易精神紧张，容易变得焦躁易怒，情绪波动较大，因此需要进行情绪管理的相关教育和锻炼。

最后，则是要培养大学生的抗压能力，在商业竞争中保持思维的敏锐和心态的平衡。很多大学生刚刚走出“象牙塔”，心智还不够成熟，在残酷的市场竞争中往往会因为遇到巨大的竞争压力和生存压力而变得迷茫，精神思想也变得脆弱，因此培养大学生的心理素质，锻炼其抗压能力，对于其日后的创业成功是大有裨益的。

（三）怎样塑造一个合格的创业团队

1. 确定一个明确的目标

首先，团队的目标必须切合实际，实事求是。其次，目标的制定是在成员间相互讨论、充分调研基础上做出的。再次，当目标制定完成后，团队负责人应就成员提出的各种观点进行思考，善于倾听和总结。对下一步目标进行阶段性的分解，阶段性目标的达成可以增强团队成员的成就感，为完成团队整体性目标奠定坚实的信心基础。最后，对团队有突出贡献的成员进行正面激励。

2. 分工合理，职责明确

团队的领导机制就是团队的吸引力、核心影响力以及决策能力的组合，关键时刻每个成员都可冲锋陷阵，这样的团队才有凝聚力，才能形成团队成员的忠诚度和信任感。团队管理机制建设还要立足于团队长远发展，且要建设好团队培训和学习的成长机制。团队成员应该明确自己的职责和定位，并能够完成自身角色定位。团队的职责分工应该结合特定成员的知识背景、性格、气质以及爱好等，分工明确，并得到成员的认可。

3. 凝心聚力，团结向上

团队文化是创业的灵魂。要培养团队的创业精神，激发团队成员的创新意识和对创业项目的敬业精神，增强团队凝聚力、增强团队归属感。要增强成员间的信任、理解，在团队合作中做到为了团队目标众志成城地携手奋进。每个团队成员都要宽容与信任创业团队中的其他伙伴，愿意向他们敞开心扉，坦诚相待，对见解不同的伙伴要抱着理解的态度去沟通，要善于宽容团队伙伴的错误，互相之间传递信任和进取的正能量。建立团队成长的激励机制，通过正、负两个方面的激励，推动团队成员达到更好的沟通和合作。

第二章　关于实践应用

一、如何制订创业计划书

一份完整的大学生创业计划书应包含哪些方面?

通过调查，我们发现，一份完整且可行的大学生创业计划书应包括以下八个组成部分：项目简介；产业背景；团队介绍；项目方案；公司经管；当下市场阐发、营销战术以及经费预算；公司政策；风险分析。

1. 项目简介

(1) 项目概述：项目的定义、内容、工作量。

(2) 项目依据：以是否符合某项国家政策作为理论建设依据。

(3) 项目执行情况：公司部门设置及各部门职责、人员和设备投入、生产管理、技术管理、财务管理、宣传管理等具体执行情况。

(4) 项目成果：成果介绍、质量情况、所创造经济效益与社会效益等。

(5) 项目创新：管理创新、应用创新、技术创新等。

(6) 经费使用情况。

2. 产业背景

(1) 项目申请理由。

(2) 本创业规划的产业背景和市场竞争情况。

（3）项目风险分析（资本、技能、人才、设备等方面）。

（4）项目运作的可行性分析。

（5）项目的独特与创新分析。

3. 团队介绍

（1）团队队长及成员介绍（姓名、联系方式、毕业/所在院校/工作单位、从事专业、特长）。

（2）团队导师介绍（姓名、联系方式、工作单位及职位）。

（3）团队优势与不足。

4. 项目方案

（1）项目研究背景。

（2）项目研究目标及主要内容。

（3）项目创新特色概述。

（4）项目研究技术方法及路线。

（5）研究进度安排。

（6）项目组成员分工。

5. 公司经管

（1）公司组成结构。

①市场总监，主管调研部、市场开发部、市场研究部等。

②设计总监，主管策划部、设计部等。

③行政总监，主管财务部、人力资源部、后勤部等。

（2）运营。

主要体现的是企业的竞争力，包括企业的产品质量、生产成本、生产时间等方面。

（3）经管：包括运营过程计划、组织、实施和控制。

6. 当下市场阐发、营销战术以及经费预算

（1）市场阐发。

①当下市场氛围。

②市场状态短期预测。

③市场对手分析。

（2）营销战术。

①描绘市场竞争态势（包括总体和局部特点）。

②SWOT 分析加上未来趋势分析。

③各项工作安排及其比较。

包括：渠道比较（包括网点数目、散布占有率），产物比较（包括价格、包装规格、服务占有率等），市场参与比较（包括广告估算、促销费用比例、公关活动等），推销计划比较（包括媒介组成、投放量、预算分派等）。

（3）经费预算。

①资金需求和来源。

②融资计划。

③股本结构与规模。

④资金运营计划。

⑤退出策略（方式、时间）。

7. 公司政策

①公司经营模式。

②公司阶段发展目标。

③公司主打经营产品及扩建。

④合作互利共赢与竞争亏损分析。

8. 风险分析

（1）政策风险——国家和地方政策信息整改影响项目按预期实施。

（2）资金风险——缺乏资金，影响工程落实。

（3）组织风险——公司责任人员变动，造成项目实施断线。

（4）市场风险——市场变动，给公司盈利带来波动。

（5）意外风险——诸如由地震等不可预测性自然灾害所带来的各种意外的风险。

风险阐明要紧的是针对可控性来写。

另外，产品项目书可根据自身产品不同做不同调整，以下附案例说明。

【以天津美术学院实验艺术学院 2014 级动画艺术系张天明“MaoYu 创意雨具”为例】

MaoYu 创意雨具

一、产品概述

MaoYu 是一个富有活力和创新精神的品牌，其品牌理念为给予人们爱与最佳的关怀。其品牌奋斗目标是：成为创意雨具行业的一流产品提供商。

1. 创意缘起

MaoYu 品牌的创意缘于日本作家夏目漱石的小说《我是猫》中的一段对白“我每天忙于工作，两手都不够用了，想借助猫的手”。在下雨天，特别是在突然的暴雨袭来时，如果能腾出拿雨具的那只手来，就可以干更多的事了。改良传统雨具，赋予雨具更多的定义和功能，就是我们创意的初衷。我们团队经过冥思苦想，设计多功能创意雨具，以帮助由于天气突然变化带给人们的不便，给予处在这些困境中的人们关怀和帮助。

2. 品牌形象

由可爱的猫咪和水滴形的雨衣组成，并采用两者的剪影形象、微微的变形表现被雨淋湿的效果，增强灵动感。全形象涂以平和神秘的蓝色，代表雨水。希望人们看着这个形象，能够联想到那些发生在雨天的故事，能有自然的亲切感。

3. 产品设计与战略核心

（1）我们根据现有的雨具，吸收长处改进短处，从外观、功能、趣味、便捷、材料、技术等方面入手进行创意，体现爱与关怀的生活理念。

(2) 经营品牌是我们的战略核心。初期我们采用轻资产模式生产，通过电商平台和与相关实体店铺及企业合作的方式进行售卖；随着知名度的提升和市场经验的增长，我们再积极推出品牌连锁旗舰店。

4. 主打产品

(1) 雨衣一体书包。

设计缘起：

一是出门在外难免会出现忘记携带雨具的情况，既给出行带来了麻烦，又影响心情。

二是外出遇到急雨又无处避雨，没有防护措施，重要物品被淋湿。

三是全球气候异常，雨季来临时城市内涝时有发生，造成人员伤亡。

设计说明：

雨衣和书包结合一体随时携带，有效避免了丢失和遗忘；类皮肤衣的轻薄材料有效减少了雨衣的体积和重量，好压缩便于存放；雨衣的存放和结合部位位于书包最外层的固定小袋内，不占用书包其他空间；展开时无须脱卸，反手拔出帽子上方的耳朵即可快速展开雨衣上半部分，拉开小袋侧面拉链即可拉出雨衣下半部分，收回只需把雨衣简单塞回小袋内即可；小袋内部为防水布料，不需要担心包内潮湿问题，回家后解开雨衣和书包处的拉链即可拆下雨衣单独晾晒；展开后雨衣的胸前和背后有可以充气的气囊（3 个），右边的商标为小型的按压式打气筒，按压即可为气囊充气（如气体不够，可通过侧面小管补气）；雨衣左侧配有一个一次性小型压缩气囊，危急时刻可以瞬间使气囊充气而救人性命。

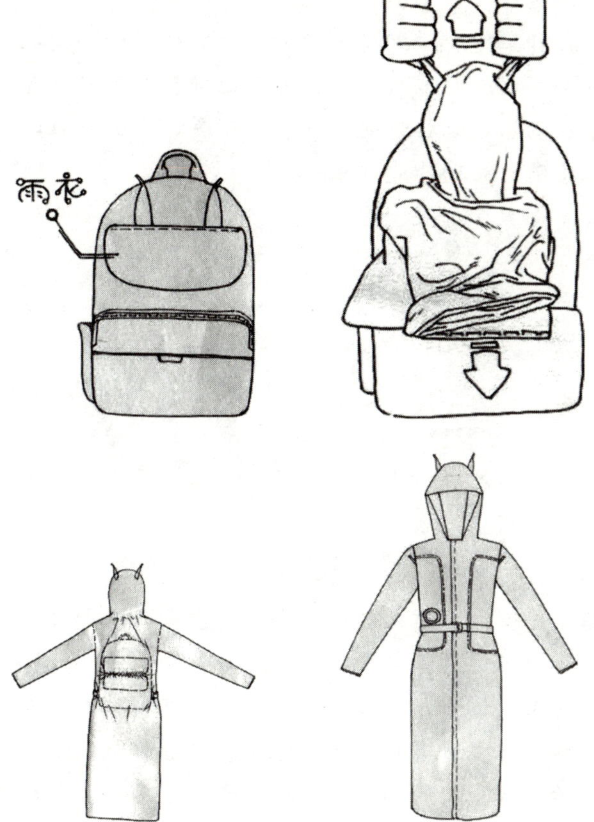

目标群体：

儿童、学生、年轻人（原因：存在需求）。

（2）雨衣公仔

设计缘起：

挂件小且便于携带，具有装饰美观的作用；冰激凌和蛋卷的偶然相遇撞出了奇妙火花，雨衣和其他物品组合又会有怎样奇妙的相遇？

设计说明：

出门在外难免会碰到没有带雨具而突遇下雨的情况，而挂饰的体积较小可以随身佩戴，我们可以把挂饰和雨衣结合起来，在挂饰里填入雨衣，让挂饰变成雨衣小精灵，在你没带雨具时提供备用雨衣，及时帮助你渡过难关。

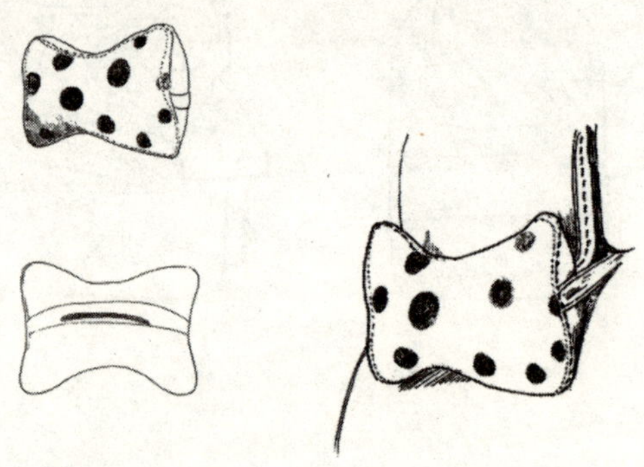

主要有以下几种售卖思路：

做高端——做高质量的原创公仔造型和雨衣造型。如推出品牌公仔，配以不同的雨衣款式设计和不同的公仔造型吸引眼球。这一部分要求质量好，价格也较高，可放在实体店内直接发售。

做趣味——多种多样的趣味机关和造型设计。

做灵活——我们的雨衣挂饰材质和造型多变，灵活性强，可根据需要和要求进行改变，满足各类需求。如旅游公司的特色定制服务，集合时下流行元素，配合电影宣传方特制电影角色的雨衣公仔，与电影票配合发售等。

受众群体：

儿童、年轻人。

(3) 雨衣扭蛋。

设计缘起：

一是出门在外突遇下雨，没有随身携带雨具。

二是在一些公共场所（如车站，旅游区）存在需求。

设计说明：

将一次性雨衣放于扭蛋内贩卖，既有趣味性又能解决部分遇雨未带雨具之人的燃眉之急，尤其是在车站附近，购买扭蛋还能兑换零钱；在旅游区遇到下雨，普通的一次性雨衣在行进中极容易破损，扭蛋机的安置能够稳定地为游客提供物美价廉的一次性雨衣，而且还能省去店租费用。

(4) 车上装置

设计缘起：

雨天车上存放雨具不便。

设计说明：

在自行车或轿车上安置雨衣。

如在轿车内，雨衣包平时是靠枕，可以当作空调毯使用，下雨时直接抽出雨衣即可使用。这样既节约车内空间，又不至于要冒雨去后备厢取伞。雨衣表面沿用新兴纳米结构，可以快速脱水，不污染车内空间，可以说是美观性与实用性的结合。

在自行车的后座或置物筐侧壁增加存放雨衣雨具的装置，方便骑行一族和学生使用。

受众群体：

家庭、户外党、学生。

二、团队介绍

1. 团队

所有团队成员均来自天津美术学院，具有较强的工作能力和团队协作能力。经过一段时间的整合，为充分发挥各自的创意，组成了 MaoYu 创意团队。目前该团队成员有：张天明、王艺华、钟玉晶、张淑晴、李美莹、张蓉。

2. 经营与研发团队

注册的小型公司中，主要设有以下几个重要的部门（如下图所示）。

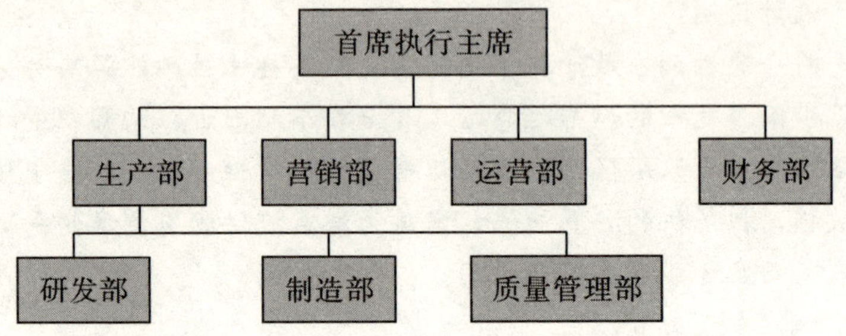

三、商业模式

价格策略主要体现具有竞争性的价格定价模式，同时还要考虑与竞争对手的价格优势和产品质量优势。

与此同时，确立营销战略，主要采用以下方式进行：

预期	1期	2期	3期
主打产品	雨衣一体包，雨衣挂饰，雨衣车枕包，雨具贩卖机	继续扩展产品种类	加入新科技（如恒温材料），拓展产业链
合作对象	电商：淘宝 实体：高校店铺，旅游公司等	电商：天猫、京东 实体：各大知名汽车企业、大型商场等固定合作伙伴	电商：各类平台 实体：成立实体店，入驻商业区
合作形式	依附式	捆绑式	以独立销售为主
时期目标	推向市场，收集数据	扩展市场，广泛融资，获得利润	稳定前期成果，做好后续产品的研发和拓展业务工作
资金及销售额（滚动式发展）	1～10万元	100万元	此时流动资金运转达千万
利润计算	15%～20% 1.5～2万元	40%～50% 40～50万元	40%～50% 400～500万元

四、产品—市场分析

调查方式	来源	现状	结论
网络	淘宝、天猫、京东	①小规模生产；②作坊式经营；③质量参差不齐；④总体销量不大	①市场缺乏整合；②业务方向不明；③处于起步阶段；④种类过于单一
实体	实际走访数据	①该产品市面上严重缺乏；②大品牌基本不做	①实体市场缺乏该类产品；②已有的种类单一且素质差
问卷	QQ、贴吧、微信问卷内容："请你对A外观、B质量、C功能、D便捷按重视程度排名"	重视程度：外观 > 质量>便捷>功能	年轻人更喜欢创意雨具，是潜在消费主力
资料	各类雨具市场调查报告	①雨具需求量在增加；②发挥空间大；③便捷、时尚、多功能化，开发新材料是雨具的发展方向	大量调查报告指明创意雨具大有可为
总结：①作为一种新方向，少有前人压力，没有统一的标杆，产品设计有很大发挥空间；②潜在消费人群庞大，如果品牌战略是清晰的且能合理执行，将会有很大发展前景			

五、SWOT分析，即优势、劣势、机会、威胁分析

SWOT分析	优势（S）①高校可提供优质的技术和销售顾问；②来自学院的支持；③福建有大量优质的代工工厂；④高素质的团队成员和项目设计伙伴，做设计，我们更专业	劣势（W）①缺乏经营管理经验；②缺少资金；③产品刚进入市场，客户认知度低，前期需要一定的忍耐和信心的考验

续表

机会（O） ①网络销售提供新市场经营规则易于新产品销售；②网购用户数量不断上升；③运营成本低，成功率高	SO战略（增长战略） 短期：雨衣包，雨衣挂饰。 中期：增加种类和合作对象。 长期：不断推出市场变动所需要的创意产品	WO战略（转型战略） 如果竞争激烈，影响到企业发展时，会从产品推广转到动漫产品的开发，转变企业经营方向，使产品更新换代
威胁（T） ①易于模仿，导致产品更新换代率高，风险高；②市场相关产品多，不断有新产品推向市场，竞争加剧	ST战略（多样化战略） 为了使收益不断增加，产品样式、功能、品种等要不断更新，实现多样化产品战略，提高产品竞争能力	WT战略（防御战略） ①减少企业管理费用，不断根据市场变化做出相应调整；②防止企业固化思维影响企业发展

六、财务分析

根据以下公式测算本产品收支平衡点的销售额以及未来赢利情况：

收支平衡点销售额=固定成本+［（可变成本/预计收入）×销售额］

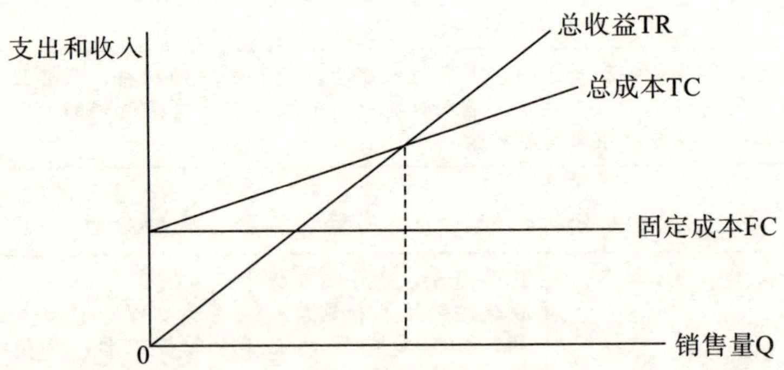

根据材料费和人工费来计算，可变成本大概在1～25元之间，固定成本在初期外包加工情况下，基本无固定成本。所以，预计在很短的时期内就可以实现赢利。

七、知识产权

为了保护我们的创意设计产品和品牌商誉权，我们将申请专利，专利权归创意小组共同所有。这也是我们的优势：共同拥有的激励机制是可以集思广益、大胆创新的。

八、目标群体

儿童，家庭，时尚中青年群体，特别是针对室外工作者、爱旅行一族。

九、执行设想

生产制造主要采用外包方式，通过福建石狮、晋江等地的代工工厂进行加工制造。销售采用网络和实体分销形式寻找最佳合作伙伴进行合作。

成本预算（开发、材料、设计以及加工）：因为批量生产，初步需要 5~10 万元。

十、附录

1. 销售平台

(1) 网络销售。

平台：寻找热门网络平台，以淘宝、京东商城为主进行众筹，开办网络店铺。

商品图片展示：将摒弃传统 P 大红字和口号等低俗做法，注重图片质量，邀请摄影系优秀学员进行拍摄；图片具有高清晰度，放大看细节清楚，增强产品质量的可信度；拍摄角度要考究，能带给顾客美的感受；图片的后期修饰也要严格把关，尽量与同类图片拉开差距，吸引消费者的眼球。

网页设计：与口碑佳、易合作的工作室合作，以我们的创作要求为主合作完成。我们的要求主要包括：在传统网页功能完备的基础上，网页操作要做到操作与提示清晰便捷且服务于网页外观主题；网页风格将以回忆风为主，插图内容贴近生活，排版及文字表达做到清新大方。

与快递公司合作：优先考虑规模可观、业务成熟的快递公司，再从中筛选一到两家性价比高的进行合作。

销售及日常运营：初期先从周围的同学和朋友开始，以较为低廉的价格聘请代理；产品的包装及质量检查工作聘请勤工俭学的学生和部分社会人员担任，此环节由于人员变动较大，费用将以计时（或计件）工资进行结算，既有吸引力又可降低风险；店铺的日常维护和产品的更新工作则由全体早期成员负责。网店经营步入正轨后，网上销售将成立专门部门进行管理，我们将把更多精力投入到新产品的设计、研发和拓展实体店合作业务上来。

营销策略：

一是前期吸引方式：促销活动（如买一赠一、买满××元再加××元可换购××物品）、打折（如限时打折、秒杀）、活动合作（如天猫“双十一”、京东限时抢购）、附赠赠品。

二是宣传：通过QQ、贴吧、微博、微信等发帖宣传，再通过网络交际圈扩散；有一定资金后可以有针对性地打一些广告，找一些靠谱的营销机构合作，找名人宣传等。

三是建立口碑：采用精美实用的包装（如包装盒可做收纳盒使用）、高度的描述相符度、优质的售后服务。

(2) 实体店合作。

①我们选择从本地的商业区、居民区、学校附近入手，同时发展成熟的旅游区作为试点，在这些地区寻找合作可能性较大的公司、精品店和个体店来推销我们的产品，并用真诚的态度和清晰的营销战略来获得店家的信任；我们还可以采取在实体店或旅游公司进行试卖产品赠送服务的策略（如初期帮实体店进行装饰设计、绘制招牌和墙绘等），博得店家好感，获得进一步长期合作的可能性。

②积极开拓新领域，寻找较有影响力的商场和企业进行合作。合作初期先作为赠品或和其他商品捆绑销售（如提供小轿车

内的创意应急雨具、商场的雨天服务)，在特殊旅游景区（如山里、车站）设自动雨具售卖机，以过硬的品质和人性化的服务获得消费者的青睐；在获得一定的从业经验和好评，有了初期资金回笼且有一定盈余时，扩大研发和生产，从而达到合作双方共赢的目的。

③时机成熟时积极转变营销策略，成立正式的品牌实体店，以连锁店的方式入驻商业区，逐步扩大连锁规模。与此同时，积极推出相关衍生产品形式及产品项目，最终形成像无印良品那样的主题明确、高规格的生活服务类品牌店铺。

十一、市场调研报告

1. 雨具市场现状调查

①网络（数据主要来自淘宝、京东等平台）。

同类热门商品的价格：二十几到上百元不等。

月销量：可达上万件，和实惠度往往成正比关系。

评价总结：好评主要为功能强、质量好、品牌知名度高、颜色好、漂亮、便于携带。差评原因主要为尺寸不符、异味、质量差、设计不合理。

小结：雨具产品总体上占有一定的网络市场份额。便捷实用、质量优、物美价廉以及好的售后服务是提升销量的关键。

②实体店（数据来自在天津本地的实际走访）。

居民区个体店：

雨具种类——雨伞，雨衣，一次性雨衣。

价格：

雨伞——主要集中在十五到三十多元。

雨衣——二十到五十多元不等。

雨具销量——总体销量一般，下雨天好卖些，雨衣基本卖不出去。

精品店：

雨具种类——直杆伞，折叠伞，一次性雨衣。

价格：

直杆伞——基本在十几元左右。

折叠伞——二十多到四十多元不等。

一次性雨衣——只要两元钱。

雨具销量——还可以，分季节和天气，雨天直杆伞卖得好些，大部分时候客人喜欢买晴雨两用伞。

小结：居民区个体店、精品店提供的雨具大多还停留在满足基本需求上，质量参差不齐，普遍走低端市场，天气的变化对雨具的销售起决定性作用。

③商业街。

雨具种类：雨伞、雨披、雨衣、雨鞋。

价格：几十到上百元不等。

雨具销量：不错，每天有较大的客流量保证。

小结：商业街的雨具种类较为齐全，分功能性和美观性两种，第一种主要面向大众，价格较为低廉，第二种价格较贵，面向爱美人士。商业街采取的是一种具有针对性的营销方式。

2. 问卷调查

①购买雨具时你最重视？（所获数据来自QQ和微信）

第一，外观；第二，质量；第三，功能；第四，便捷。

②统计（共五十份）：最注重第一“外观”的人数最多，对第二“质量”的关注较多，第四“便捷”次之，对第三“功能”的关注最少。

小结：如果走年轻人市场，须对雨具的外观和质量更加重视。

通过以上调查，我们了解到，目前大众对雨具的价格定位在三四十元之间，中高端市场的开发还处于空白阶段，明确的市场定位和创建特色的雨具时尚品牌是一条可行的道路。

3. 网上资料

雨具是消费者日常生活中不可缺少的日用品之一，随着国家产业结构的调整和人们生活水平的提高，加上近年来一些地区企业的大量涌入，雨具市场得到了快速的发展。

近年来居民消费水平的提高和消费习惯的改变，促使雨具产品在发达国家进入了快速消费品的行列。由于目前雨具制造行业还属于典型的劳动密集型产业，我国劳动成本相对低廉，大大降低了制造成本，与欧美等发达国家相比，我国雨具行业拥有极大的优势。

我国雨具行业的生产技术经过长时间的发展提高，其基本功能逐渐向便携化、时尚化、多功能化的方向发展。技术水平的发展主要体现在以下几个方面：一是新材料的应用将加速雨具产品的更新换代，提高消费者的生活品质；二是雨具产品的设计开发、产品款式、结构以及外观设计的创新使雨具产品多样化，促进产业的发展；三是雨具产品的制造流程中自动化机床的运用，提高了生产效率。

目前，我国雨具行业的生产技术有了一定的提高，但在整体的装备水平、新材料的运用、产品的设计开发等方面还存在很大的发展空间。我国雨具市场将逐步迈入全新的发展阶段（摘自《2013—2018 年中国雨具市场深度调研与投资战略研究报告》）。

4. 总结

①雨具的需求量在增加，市场在发展。

②我国雨具行业仍有很大的发挥空间。

③便携化、时尚化、多功能化和新材料的开发是雨具产业的发展方向。

二、创业项目该如何选择

创业项目选择是创业的开始，据调查，在全国自主创业的大学生中，绝大部分创业失败的案例是因为选择了错误的项目。

众所周知，选择一个优秀的项目，就已接近成功了。事实上，项目没有优劣之分，只有适不适合该学生团队而已。在面对项目选择时，要结合自身优势，具体情况具体分析，选择自己擅长领域内的项目，这样才能事半功倍。而往往面临选择时，部分学生表现得缺乏主见，容易随波逐流，操之过急，他们往往只看中一时的经济效益，不考虑所选择的项目与自身团队的关联性，所以常常造成经营不善，以创业失败告终。

就上述案例分析，该创意雨具计划书作者及其团队成员也皆是天津美术学院学生，团队所有成员具备扎实的美术绘画基础，他们之所以选这个创意雨具项目，不仅因为这与他们的专业素养相匹配，而且就目前的雨具市场来说，该团队所研发的创意雨具是前所未有的，如若运营得当，应该会给其产业带来丰厚的利润。

在项目选择上，要着重考虑以下几点问题：

第一，考虑产品市场。

一些看似独特的产品只能满足社会群体中一小部分的消费者，虽然起步初期会有经济回收，但是却不长久，想要开拓及发展更是难上加难。在选择方面，不能太理想化，应选择消费市场广、资金回笼迅速、市场易开拓的项目。

第二，对前所未有且前景广阔的项目要勇于尝试。

如果一个项目此前从未在市场上出现过或从未有人提及，而且通过创业者的深入研究发现此项目兼具使用价值与深度开发价值，前景广阔，那么请不要犹豫，把握好机会，要用敏锐的洞察力了解市场状态的变化和消费者的心理变化、消费心态趋向，随机应变，提高产业成本。

第三，选择劳动力参与少的项目。

创业初期，创业者或创业团队往往启动资金不足，缺乏劳动力，如果项目复杂程度过高，在劳动力雇佣方面就会消耗过多的资金，而在实际项目实施中又缺少经济投入，如此只会本末倒置，徒劳无获。相反，起步初期选择劳动力需求小的项目，容易快速回收资金，提升经济效益，再扩大产业链；产业链扩大之后，企业也会随之壮大，久而久之，会吸引更多的合作伙伴和消费对象，之后初创人员也有了对劳动力的管理能力。

第四，选择响应国家政策的项目。

近些年，国家制定和颁布过不少鼓励大学生自主创业的政策，选择响应国家政策号召的项目进行创业，能得到国家政策支持，无疑离成功更近一步。

三、艺术类创业项目的优势、劣势、内因、外因分析

近年来，文化创意产业（后文简称“文创产业”）兴起，尤其是金融危机爆发后，其逆流而上，成功走出危机，在新兴产业中鹤立鸡群。大力响应国家政策，发展文创产业，已是当下经济发展的趋势和潮流。艺体类大学生们发现了文创产业中蕴含的无限商机，于是便跻身这一行列中。

然而，创业是一把双刃剑。虽然艺体类大学生具有自身独特的优势，但也同样面临各种艰难险阻。如果一味盲目创业，极易造成产业链断裂，进而消磨创业激情。因此，现在从四个方面——优势、劣势、内因、外因——帮助艺体类大学生深入了解自身创业的利弊，进行客观分析，从而促使他们选择适合自己的创业之路。

（一）优势分析

一是创业动力十足。

为深入了解艺体类大学生的创业意识、意愿及认知，笔者以

天津美术学院为例，对该校学生进行了抽样调查，发放调查问卷总计1000份，回收有效问卷756份。结果显示，60.12%的学生回答“想要创业”；在回答“创业最影响你的地方在哪里”时，有48.65%的学生回答是“创业能让自己丰富经历和成长”，25.63%的学生答道“创业成功可以使自己成为自己生活的主人”，15.66%的学生肯定创业能“超越自我”。由此可见，创业对艺体类大学生来说，是一个充满挑战和激情、有望超越自我的重要渠道。

二是专业优势良好。

据相关数据统计，截至2016年年底，国内本科专业总数621个，与文创产业有关的专业63个，占其总数的10%；其中艺术类专业最多，达32个，占总数的50%。艺术类专业的个体性、实用性较强，这类专业的大学生通常有良好的创新思维和扎实的专业功底，在文创产业领域中这些理念和专业技能具有广泛的实践性和可操控性。据统计，有46.66%的艺体类学生持“自己的专业有创业前景”观点。以天津美术学院实验艺术学院为例，该院设有动画艺术、绘画艺术、移动媒体艺术、影像艺术、摄影艺术五个专业。近年该院有不少学生凭本专业进行创业，主要集中在游戏美术设计、广告设计、工艺品设计、墙绘等专业领域。

三是创新领悟力高。

创意是文创产业的重中之重，也是文化产品价值得以实现的核心，能带来良好的经济效益和社会效益。相对文化市场中的一些小公司、小企业来说，独特的想法和创意能够给其带来鲜活力，甚至关乎其企业发展蓝图。年轻又鲜活的艺体类大学生适应新事物能力强，具有创新精神，不受传统思维所束缚，能够走在时代前沿、潮流顶端，对提升文创产品的市场竞争力优势较大。

四是创业要求较低。

艺体类大学生在文创产业方面占优势地位，因为其在创业项目选择中种类多，并容易将创新创意理念与市场需求有效结合，制作与生活密切相关的产品。与别的需要大量资金、场地、设备等资源的专业相比，艺体类大学生在文创产业领域创业中更具得天独厚的优势：创业初期经济成本和硬件设施少，规模小，成本低，管理起来也相对容易。

（二）劣势分析

一是缺乏创业意识。

大多数应届毕业大学生初入社会，十分茫然，没有目标、没有方向，不清楚自身的人生航线，缺少对自己的人生规划和安排，没有主见，容易随波逐流。对于自主创业，有激情、有想法，但是不敢实践，参与度低。这是因为他们对自身专业技能把握不牢靠，知识系统过于单一，综合素质能力低，思想观念没有转变，缺乏创新和站高望远的能力。意识决定行为，行为决定细节，细节决定习惯，习惯决定成败，若连基础的创业意识都不具备，何谈成败？

二是缺乏创业经验。

“文化成绩不行，走艺体路线”的传统观念使得一部分文化成绩不是特别好的学生把学艺术当成自己上大学的一条捷径。由于不具备完整的知识体系，再加上文化基础薄弱，所以进入大学后，艺体类大学生普遍缺乏学习的主动性、自觉性、积极性，不愿主动去学习专业以外的知识和技能。这导致他们缺乏创业主动性，知识和能力不足，更没有经验可谈。再加上这些学生缺乏社会经验，使其创业项目经不起社会市场的长期考验，因而得不到长远发展，最终创业失败。

三是创业缺乏经济支撑。

据统计，资金不足是三分之二以上艺体类大学生在创业时遇到的最大问题，这其中还有两个问题：一是创业起步阶段缺少启动资金；二是在创业中没有后续资金援助来保证项目正常运行。

据调查显示，中国大学毕业生中，其创业资金60%以上来源于父母亲友援助，28%来源于个人存款及贷款，只有2%是来源于商业性风险投资和政府资助。就大学的教育成本来说，艺体类大学明显高于其他综合性大学，仅本科几年的学费就已经给普通家庭带来了极大的经济压力，如若他们自主创业，还要向亲友借钱筹资，这对于贫困家庭出生的大学生父母来说，无疑是雪上加霜。

而且，这些大学生向金融机构进行贷款或融资来创业的可能性微乎其微。据金融业工作人员透露，刚毕业的大学生，没有实际工作经验，也没有有效资产可做担保和抵押，使得他们创业难度基数大，贷款风险过高，通常没有什么金融机构会贷款给他们。

所以，受到启动资金和后续资金的限制，就算他们有十八般武艺也难以施展，可谓是空有抱负而无用武之地。

四是法律意识薄弱。

大学生法律意识薄弱，主要是指大学生的维权意识不够。有些学生权利受损，虽然他们自己也知道，但是却不清楚该起诉谁，所以不得不放弃自己的不满；也有一些大学生的权利受到侵害，因为没有控制好自己的情绪，而通过不正当的手段或方式解决，反而制造了更多的麻烦。这些现象反映了大学生法律素养缺失、权利意识薄弱、对维权方式缺乏认识等问题。

（三）机遇分析

一是政策扶持。

国家高度重视文创产业，在党的十八大报告中提出，要加快完善文化管理体制和文化生产经营机制，基本建立现代文化市场体系，完善国有文化财产管理体系，形成有利于创新的文化发展环境；要加快形成科学有效的社会管理体系，完善社会保障体系，完善基层公共服务和社会管理网络，建立体制机制，确保社会充满活力；加快建立生态文明体系，完善土地开发、资源节约和生态环境保护的体制机制，推动形成人与自然和谐发展的新格局。

二是社会所需补给量大。

生活水平的大幅度提高，使消费者逐渐将注意力转移到精神文化上来，使得整个文化产品市场火热起来。尤其在北京、深圳等一线城市中更甚，文创产品成为一大卖点。从中不难看出，这一现象无疑给广大艺体类大学生创业提供了良好的机会。

三是创业政策扶持。

近些年来，国家颁布了诸多扶持政策来鼓励当代大学生自主创业。

四是校方资源供给。

响应国家号召，鼓励大学生开展自主创业，并且，各高校尽最大努力为学生提供创意产业在技术和过程中的指导和教学。

以天津美术学院为例，学校为学生提供足够的学习和展示平台，邀请了天津市多位在大学生创新创业领域有一定影响力的人物来给学生指导教学。该校实验艺术学院 2014 级移动媒体艺术专业张澜涛同学未毕业先创业的事迹受到师生广泛赞誉。他和几个同学成立的铅笔动画公司——天津壹柒零陆网络科技有限公司，为企业量身定制品牌动画及视频等新媒介宣传方式，在企业运营初期或中期根据企业的业务和产品为其设定动画原形和制作动画短片、视频等，为企业宣传、推广进行形象包装和技术支持。该公司制作的成品可以将一切商业产品、数据、信息进行图形化和形象化，将 2D 与 3D 结合、艺术与科技结合，让企业能更好地推荐产品，使用户能更好地体验和接纳产品。该公司已完成的项目有：为趣学车互联网驾校制作全国第一套 MG 驾考培训视频，为滴滴出行制作 rap 音乐动画。

（四）威胁分析

一是大学生的社会经验还不够，往往盲目自信，心理准备不足。

对于创业中遇到的困难，许多大学生创业人员感到非常痛苦甚至郁闷。在创业之前，你可以看到所有的成功案例，心态是理想的；事实上，成就背后隐藏了更多的挫折，要看到成就和挫折，这才是真正的市场。只有在心态上发生这样的转变，年轻的大学生创业者们才能变得更加明智。

大学生急需成功，而是否对市场有足够的认识以及是否有经营管理经验是决定大学生创业能否成功的决定性因素。虽然大学生大多了解课本理论知识，但是缺乏必要的实践能力和管理经验。另外，对于大学生来说，由于对经济市场缺乏宏观了解，所以很难快速融入其中。

二是大学生缺乏对市场的了解。

许多大学生非常愿意谈论他们的技术如何引人入胜，但缺乏对这些项目是否能带来市场效益的预判。即使面对市场经营，他们大都打算在广告上花钱，但对于目标市场定位却一无所知。事实上，并不一定是那些令人难以置信的复杂的东西才能吸引到投资人，真正有技术含量的东西也可以引起投资者的关注。更重要的是，大学生创业必须有一个非常明确的营销计划，这可以有力地证明产生利润的可能性。

四、艺术类创业时应充分结合团队专业优势

如今，我国正处于飞速发展的信息技术时代，中共十九大描绘了我国今后三十多年发展的美好蓝图。“互联网+”时代的到来使得新兴的技术与艺术类专业有了相互促进、共同发展的新动力。所以创业项目在贴近理论前沿、时代前沿的同时也要有核心内容，这个核心内容就是对专业标签和专业色彩的取舍。有很多同学说创业是一个多专业的合力，这是肯定的，但是专业合力不是要把所有专业同时用力，而是要突出某一个专业的优势，凸显

某一个专业的特点，专业色彩就是创新的点。

以动画专业为例，比如一个创业项目将动画艺术创意和实施过程紧密关联，极大地拓展了动画艺术的展现形式及创作方式。创业专业色彩的筛选也就是创业人才的筛选和培养。“互联网＋”时代，动画艺术“三创”人才培养应具备从“双创人才”到“三创人才”的培养理念，从“技术实力”到“技艺实力”的培养方向，从“模拟训练”到“实战项目”的培养形式，从“静态单点设计”到“动态系统架构”的培育模式。

可以说，就动画专业创业而言，当下的“互联网＋”时代崭新的创造力及强大的技术手法为动画艺术人才的创意、创新、创业概念的达成提供了平台。①

互联网和计算机极速发展，在贸易环境中改变着人们的习惯和生活方式；动画产业不断发展，同时受到用户的青睐。2018年是全面贯彻中共十九大精神的开局之年，我们必须不驰于空想、不骛于虚声。② 动漫产业是互联网的一个重要产业，引起了国内外众多企业的关注。大多数企业将产品迁移到操作平台，想群众之所想，急群众之所急，利用互联网的优势发展自己。随着用户对动漫产业提出更高的需求，交互界面的动画设计也在不断发展，并需要系统的剖析和处理，最重要的是，动画设计和策划要最大限度满足用户的需求。

因为很多企业的网站都用到了交互界面动画设计，所以笔者专门以“蜂窝媒”技术应用为例，针对交互界面动画设计的专业色彩进行探讨，并提出相应的专业色彩知识理论。

---

① 胡荣．“三创”理念与独立学院转型及人才培养［J］．江苏高教，2016(02)：126－128．

② 引自国家主席习近平的2018年新年演讲。

（一）动态处理和交互设计

使用的屏幕大小被设置手机显示的空间决定。根据信息的重要性，需要反复进行输入和输出操作，对用户界面设计的一般分类，我们可以从动画产品功能和交换工程来作为标准，它仍然是非常强有力的指导，有利于减少用户操作软件的难度，提高用户的整体体验，达到舒适的状态。

常用的方法有以下几种：

Focusing dynamics（聚集动力）。首先要说明的是，我们在本文中会引入大量的关于“蜂窝媒”APP创业项目的介绍。所谓“蜂窝媒”APP，就是笔者所在团队设计的共享创意软件，旨在通过APP各个功能模块，将广大用户与设计者关联起来，让消费者通过这个APP购买创意，设计者也可以通过这个APP出售创意。动态处理指导用户关注“蜂窝媒”APP界面的主要位置以使得用户交互界面的体验更加流畅。交互界面专门展示交互状态的效果，其目的是吸引用户眼球，起到一个聚焦的功能。

Transitional hint（转换线索）。其功能在于指引用户更好地意会界面内容，使用户不至于手足无措。此设计是为了让界面变化显得更加顺畅。

Transfer space（转换空间）。其功能同样是指引用户，使其更好地了解页面转换，明确自身的方位，使用户体验的顺畅度倍增，这是设计师较为重视的模块。

1. 动画的引入

交互界面的动画设计给产品带来了巨大的好处。同时，动画设计的使用也是一把双刃剑，如果使用不正确，它将被反转。太多的动画会削弱其功能，阻碍用户体验的流畅性，也会影响用户的视觉集中度。动画的添加需要小心，尤其是在不能支持沉浸的应用体验中。动态效应的使用应有针对性和局限性，并检验其有效性。过度使用动态视觉效果会使界面看起来太复杂，这不利于对信息层次的控制。优秀的动画设计不仅可视效果极佳，而且能优化互动，提高体验功能。

良好的动画设计不仅要简洁大方，更要有实用价值，因此想要做好交互界面动画设计并不容易，它需要兼顾多方面元素。

2. 动画风格类型统一

动画师在设计过程当中，应把尊重用户的习性放在首要地位，把交互动画与内置动画的风格保持统一，最大限度遵守设计系统的行为准则。如果制作出来的动画违背自然原理或者物理定律，用户体验的舒适度将会降低。如果视觉元件设计中完美的视觉效果没达到，会带来很多麻烦。处理视觉组件，交互动画设计是必要的。了解程序和逻辑的变化，用户操作更加合理流畅。交互式界面动画设计可以减少用户操作难度，优化用户体验。

动画界面设计，是一种设计的新趋势，目的是设计非常有趣的动画，最大限度地满足用户的需求。

（二）“蜂窝媒”APP 用户心理模型

与用户心理模板一致的信息表达式允许用户快速找到焦点并做出区分。模糊信息表示会使用户浏览混乱，降低用户体验的流畅性。对用户输入的手机媒体的第一步就是浏览和根据自己的需要在“蜂窝煤”APP 里进行搜索，在这个时候，信息提示尤为重要。淘宝购物应用就是典型代表。“蜂窝煤”APP 与访问淘宝一样，用户在操作过程中不可避免地要点击“搜索”“扫描代码”“查看顺序”“个性化设置”等功能性程序。图标设计、文字排版、色彩应用和用户建立的心理模型之间的重合程度越高，就越容易受到用户的喜爱，这一来就加强了应用的使用黏度。用户的视线转移习惯一般为：从左到右，从上到下的顺时针走向。在淘宝界面，一个重要信息提示一定要方便查看：用户经常使用的

"搜索"放在了界面顶部，这是在用户的视线范围内较重要的位置，可以给用户一个明确的提示。在整个页面中，"抢购"板块的比例远远高于其他板块，这使得信息提示清晰，便于用户查看，提高用户使用软件的流畅性体验。根据用户的视觉特征和用户的心理预期，选择适合完成界面布局的有效信息，使操作界面掌握在用户手中，突出主导。让用户在使用过程中，尽可能消除被动操作的信息，这样才能真正以用户体验为主，从用户的心理出发，建立用户心理模型，这正是我们所期待的。

（三）"蜂窝媒"界面交互设计的反馈体验

"蜂窝媒"作为智能手机的移动终端，在人机交互过程中不能与用户产生足够的情感交流，但一定的反馈可以使用户在使用产品时感到快乐。当用户对项目产品进行操作时，能收到用户一些操作上的反馈，这种友好的反馈与用户体验期望一致。交互界面的反馈可分为视觉反馈、听觉反馈和触觉反馈三种类型。在与用户交流时，视觉反馈是最重要的反馈形式。通过触觉反馈和听觉反馈，用户在使用产品时可以获得友好的反馈体验。如淘宝应用程序完全是从互动反馈的角度设计用户，其反馈是积极的和及时的。"蜂窝媒"在反馈动画方面，当用户进入等待界面时，"蜂窝媒"图形出现在用户的视角中，顺时针旋转，直到下一个界面出现。这样的动漫选择让软件在推广自己品牌的同时，又是可爱而有趣的，从心理上减少了用户的等待时间。当用户选择商品进入订单界面准备结算时，就会出现橘黄色的信息。在大面积的白色界面上，小面积的橙色和黄色会使用户的视线快速聚焦，并根据反馈信息进行下一次操作。"蜂窝媒"在交互中考虑用户操作的各个方面，并给予用户友好的反馈，使用户感受到以人为本的情感关怀，而不是简单的人机交互。

（四）"蜂窝媒"界面交互设计的色彩运用

通常，当用户进入交互式界面时，对用户视觉的最直观的影响是界面的颜色效果。色彩的使用会影响到用户情绪、状态等。不同界面颜色效果的表达会给用户带来不同的浏览体验。目前，部分交互界面出现片面追求界面色彩的现象，在界面上积累了大量的不同颜色和不同类型的色彩，造成了色彩过多，使界面缺乏内在的审美协调性和统一性。“蜂窝媒”在界面的色彩设置上是灵活的、丰富的、和谐的。黄色被用作主要颜色，带有暖色图标。因此，“蜂窝媒”色彩的运用是整合受众的精确定位和用户意识形态领域独特的色彩指向性的结果。

从人群定位来看，“蜂窝媒”作为商业媒体的一员，它的主要受众是平面设计师和寻求设计者，以青年设计师为主。在色彩的运用上，黄色象征着创造力和活力，也象征着青年设计师的活力和激情。因此，蜜蜂黄色的应用与设计师的视觉和审美特征有着高度的呼应性。蜜蜂黄色散发出灵感和知识的气氛，它具有灵活性和主动性，能刺激用户的视觉神经。而我们在主界面方案中，不仅使用相同的蜜蜂黄色，在用户浏览界面上的不同接口的界面也使用相同的颜色，颜色一致可以减少对比色，使用户浏览过程更加简洁明了，提高用户浏览效率。作为一种商业媒体，“蜂窝媒”的最大价值是它的使用价值。因此，界面色彩的美感应服从其功能，真正做到功能与形式的统一。“蜂窝媒”的色彩选择与观众的整体定位是一致的，色彩匹配是和谐统一的，从用户的角度出发来满足用户的视觉需求。

（五）“蜂窝媒”的特点分析

第一，“蜂窝媒”具有门槛低的特点，任何人都可以参与“蜂窝媒”的项目活动。对于企业来说，门槛低意味着受众广，运营成本低。受众广，是由于“蜂窝媒”限制用户用简单几句话推广自己需求的信息，只言片语都可以作为用户推广宣传个人内容的主体，相较于微博等媒介所具有的较高的准入门槛，草根性较强，适合各种背景、各种层次的用户媒体，所以有极广的用户群，有巨大的增长空间；运营成本低，是因为“蜂窝媒”运营很简单，不用花很多时间、技术和资金。九层之台，起于累土，要把这个蓝图变为现实，必须不驰于空想、不骛于虚声，一步一个脚印，踏踏实实干好工作。现在，我们可以把更多的时间和精力放到“蜂窝媒”内容上而不是运营上；同时，在没有传统营销方式复杂的行政审批流程的情况下，其发布推广节省了大量的时间和成本。

第二，“蜂窝媒”具有便捷性与即时性特点。与任何网络媒体一样，“蜂窝媒”是一个全天候开放的平台，这意味着信息可以随时发布，受众可以及时获取。有移动客户端、Web页面、桌面和其他登录方式的支持，企业可以随时联系“蜂窝媒”，不受时间限制。在直播、危机公关等时效性活动中，“蜂窝媒”与实体店等传统营销平台相比，在第一时间就能迅速发布与传播内容。逢山开路，遇水架桥，对于日常的信息更新和发布，“蜂窝媒”不受传统内容的限制，营销人员可以为用户提供一个强大的应用平台，通过一个时间机器和其他应用程序接口预先设定好内容，利用碎片化时间，在工作时间之外进行交易，这会让工作变得轻松。

第三，“蜂窝媒”具有开放性的特点。“蜂窝媒”支持Web、Wap、手机客户端、平板客户端、“蜂窝媒”桌面等多端口，只需有一台连接网络的电子媒介，无论何地都可以轻松地“采蜜”。“蜂窝媒”的开放特征既意味着可以随时随地“收集”，也可以随时随地“被收集”。[①] 由于“蜂窝媒”具有转发功能，每一条推广都可以被发布者的粉丝收藏，而粉丝的粉丝在看到收藏后可以继续转发，裂变式传播突破了传统媒介覆盖面狭窄的问题，使得信息能够在用户的推力下散布到世界的任何角落，大大增强了销

① 孔令红. 顺应微时代，启动微传播［J］. 中国品牌与防伪，2013（07）.

售的影响力。

第四，“蜂窝媒”具有多媒体与碎片化特点。“蜂窝媒”信息的发布内容具有极大的兼容性，无论是文字、表情、图片、视频还是外网的链接，都可以作为其内容单独或共同发布。这使“蜂窝媒”的内容具有极大的可编辑性，极大地提升了信息量与可包装程度。编辑信息推广的限制程度又决定了“蜂窝媒”内容呈现碎片化，可谓是只言片语也可以成为发布主体。信息内容多样性允许企业搭配发布的内容、形式自由选择。比如在一份新闻稿中，搭配发布生活事件的照片、视频、音频。据相关内容市场调查数据显示，国内有少部分产品的实用率和存活率相对较低，产品生命周期较短。工业的发展一直是浮躁的，产品同质化现象严重，其根源是缺乏创新，缺乏人文关怀和人性化设计。只有强调用户体验的战略，丰富人们的情感，才能有效解决这个问题。

【以天津美术学院 2015 级动画专业周子晗的项目“阅读者”为例】

“阅读者”项目

一、简介

该项目产品是一款名为“阅读者”的图书共享产品：一台小型的自取式图书机器，其会根据用户选择的书籍自动出书。目的是摆脱传统阅读限制，实现图书共享，一书多阅。自取图书机是商业自动化的常用设备，它不受时间、地点的限制，节省人力，方便交易，是一种全新的阅读形式，又被称为 24 小时微型图书馆。用户只需下载产品公司 APP，通过实名认证、绑定手机号设置密码后交付押金（可退）即可使用，也可使用第三方登录，认证成功后系统将自动为用户生成个人专用信息，届时用户即可按操作借阅书籍。

二、项目研究背景及市场背景，目标及主要内容

近十年来，中国已从信息时代跨入新媒体时代，随着电子科技的飞跃发展，一系列电子产品早已风靡全球。在我们享受电子科技带来的便利时，是否也注意到了一些问题？有了电脑、手机、网络，众多青少年沉迷于网络游戏，无法自拔；不止青少年一代，就连不少中老年人现在也是手机不离手，公交上、地铁上，这类情况比比皆是，可见，人类生活对技术产品的依赖越来越严重。在这种情况下，我们推出这一产品，以先进文化为主心骨，号召人们阅读书籍，为人们提供更便捷的阅读渠道。书籍依据各年龄段各行业人士偏好的数据调查进行设置。放置点主要在公交车站、地铁站、飞机场、候车厅、广场、学校等地。

人发展得越全面，社会的物质文化财富就会创造得越多，而当前物质条件充分的情况下，我们应该做的就是丰富自身的精神文化。

读书可以丰富个人经验，天地辽阔无际，个人只能体验广阔世界中很小范围的东西，所以人对生活、对人生的理解很狭隘、很苍白，甚至空洞，而书籍能够有效地填补人们的这一空缺，它可以跨越时空，呈现不同世界里的不同经验。在目前多元文化的冲击下，个人往往不由自主地跟着喧嚣、浮躁，随波逐流，书籍正是涡流中的“救生圈”。

三、APP 应用

从本质上讲，“阅读者”自取式图书机通过线上线下结合，其 APP 的应用在信息资源共享的“5A”理论（即任何用户在任何时间、任何地点可以获得任何信息资源、任何书籍）的基础上，提出泛在图书馆的“8A”理论，即任何服务主体的图书馆可在任何时间、任何地点向服务客体的任何用户提供任何时期、任何类型和任何语种的信息资源的图书馆且可以在时下任何热门交流平台（例如微信、微博、豆瓣、支付宝等）实行第三方登

录，实时参与有关阅读书籍的讨论，发表评论。“阅读者”自取式图书机体现为图书馆服务的多样化、无所不在，其显著特征是：人群在哪里，图书机的服务就在哪里，用户无论在何时何地都可以获得图书机的服务，在指定网点就可取阅书籍。

四、在 APP 中各用户都拥有

(1) 自己的个人中心，包括用户姓名、身份验证、个人专属二维码及编号、借阅记录（已经阅读过并归还或购买的图书、正在阅读的书籍以及所阅读时长）、个人信用（良好的借阅记录、无故意损坏书籍或拖欠书费、按时归还等）、消费记录等。

(2)“阅读者”自取式图书机电子屏中推送的所有内容。

(3) 书籍内容、作者、分类的信息库，以及用户所在城市“阅读者”自取式图书机的网点分布、书籍分布情况。

五、使用说明

用户将自己的产品用户二维码置于自取图书机二维码扫描处扫描，输入个人密码再次确认后，即可使用。

(1) 取书：选择相应书籍，机器自动吐出所选书籍。

(2) 存书：将书籍投入存放口，机器自动回收。

(3) 捐书（审核）：在 APP 上填写捐赠书的信息表（用户基本信息及捐赠书籍信息）。

六、收费机制

12 小时内每人免费借阅一本书，超过 12 小时后按 0.5 元/天计费，超过一月不归还者，从该用户押金中扣除所借阅书籍标价的 80%以购买该书籍（若该用户押金不足以支付该项费用，APP 软件将以短信形式提醒其于 3 天内充值或归还书籍；若无回应，即刻停止该用户对本产品的使用权，其编号作废）。

七、积分制

(1) 开通用户即送 5 积分点。

(2) 每借阅一本书在一个月内归还且无拖欠费用，自动增加

5 积分点。

(3) 通过平台邀请好友注册，每邀请 3 名好友，增加 2 积分点。

(4) 每捐赠一本书至自取图书机，可赠送 5 积分点。

(5) 50 积分点可兑换 1 周内免费借阅 1~3 本图书。

八、图书借阅规则

在借阅过程中如图书发生损坏、丢失等情况，需按该书籍标价的 80%进行赔偿。

如借阅第一时间发现图书损坏，请及时上报，不收取任何费用。

九、图书机实时联网

图书机工作网络化是指图书机所有资源都可以通过网络来提供，图书所有服务都可以通过网络来获取。网络环境是全天候的，因此图书馆的服务也是 24 小时不间断的。简言之，所有图书及图书机的资源和服务，都可以在网上操作，便于管理者经营和消费者操作。

图书馆“一切都可以在网上”至少有以下两方面的含义：

(1) 图书馆之间实现深度整合，共建共享真正成为现实。未来的图书馆不论大小，在云环境下连为一体，各自分工，开展资源建设和服务，每个图书馆、图书机都是你中有我、我中有你，谁也离不开谁。

(2) 图书馆有了参与数字出版的条件，创新了信息资源生产流通上下游的新业态。网络环境下，图书馆不再只是信息资源生命周期中处于下游即提供信息资源服务的机构，随着网络化开放存取实践的进展，线下图书机器将会成为重要的信息资源数字出版机构。

十、技术方面

1. 基础功能

应用USB技术，使用U盘或硬盘，就能轻松下载售货机的运营信息（信息设置专门加密功能），然后在PC端对下载的数据进行处理，便于运营商掌握不同地区、不同商品的租赁售卖情况。

2. 特殊功能

（1）网络运营。

将自动售货机当前运营的数据，包括机器状态、系统故障、物品状态、缺货情况、销售数据通过安装在自动售货机上的GPRS模块无线传输到售货机网络服务器，运营商可以在任意一台联网的电脑上找到售货机的信息，实现自动售货机的大规模运营和网络化管理（包括书籍供应更换）。

（2）多媒体电子屏显示。

采用LED显示屏、多媒体显示器技术，将自动售货机系统与PC系统对接，使消费者可以通过PC系统控制的触摸屏选购售货机内的商品，不但取代选货按键，而且使销售机具有交互功能。

3. 电子屏的具体内容

（1）显示当天日历节气节点，推送名家名言、书籍。

（2）时事热点的播放：实时新闻，如高端阅读、碎片阅读，最后一公里、临终关怀文化中心。

4. 搜索功能

书名加作者名，如本机没有，可显示离用户最近的机器内的储量；同时显示屏内容循环播放，每个人都可以通过扫描当天的显示屏上的二维码生成图片手机观看当天的显示屏内容，内容也会分版块、分类别地定期更新，其目的是提供更好的用户体验。

十一、图书馆功能——人工智能

随着移动终端和穿戴设备的普及，以及各类信息感知技术、增强现实和大数据分析的采用，图书机服务的智能化水平将大幅提高。“阅读者”自取式图书机的核心要素是“书书相连”“书人相连”“人人相连”，任何时间、任何指定地点可用。“阅读者”自取式图书机与传统图书馆的根本区别就在于它的个性化服务和智能交互能力。传统的图书馆服务是被动的、机械的，以单项信息交流为主，而“阅读者”自取式图书机更像是一个可以双向索取信息的智能机，而不是简单的图书购买阅读服务。

在手机上安装“阅读者”APP，当用户与图书机距离小于200m时，APP会在应用内发信息给用户提醒，在地图上显示用户所在位置和临近的图书机位置及图书机内存书情况。

十二、大数据下的阅读数据整合

在大数据的背景下，研究机构通过对用户注册时的信息进行分析了解国人阅读习惯，掌握用户的阅读兴趣，从而应用到“阅读者”图书机上，以迎合用户需求，创造新的价值。

比较典型的案例，如中国科学院文献情报中心实行的“资源到所，服务到人”的服务模式，通过公共集成服务平台，将数字化文献资源和网络化信息服务推送到科研现场，使科研人员在实验室、办公室、野外场站和家里就能随时随地获取所需的信息。此外，图书馆开展面向一线创新基地、研究所、办公室、课题组和个人的学科化服务，努力“融入一线，嵌入过程”，致力于提升科技自主创新的文献保障能力和学科情报服务能力，成为图书馆泛在服务的典范。

十三、预期成果

在今后两三年间，“阅读者”自取图书机将从国内一线城市延伸至国内二、三线城市，掀起一阵“全民阅读浪潮”，推动国家文化企业和国民文化精神的发展。

在党和国家大力倡导民族自信、文化自信，大力兴办文化事业、“互联网＋”的时代背景下，项目团队在以互联网为依托的共享观念下，创新图书阅读模式，提升国民阅读效率，并通过APP进行大数据的分析和采集，了解国民的阅读模式、改善阅读行为、整合阅读需要，产生一定的社会效益和经济效益。

此外，从可行性上来说，参与此项目的学生均来自天津美术学院，依托天津美术学院在移动媒体、影像艺术上的学科优势和技术储备，为本项目的开展提供了良好的技术支撑和艺术指引。

五、重视创业项目产品的用户体验

我们通常把项目产品作为媒介，考虑更多的是媒体本身的质量，而不需要担心用户时间碎片化所带来的问题；但是在移动互联网，这是一个固有的挑战。因此，作为一个移动平台，我们每天都在思考如何将问题处理得更好；在已有平台和系统的基础上，尽快覆盖更多的受众。至于如何评价产品的使用效果，这个问题更值得设计师们关注。对于手机软件设计师来说，最直观的效果是获得点击下载的次数；然后再进一步考虑如何刺激销售，业界用“变化率”来评估。通常我们项目存储有自己的检测系统，也可以使用一些统计分析工具，如第三方联盟等。对于开发者来说，我们需要全面考虑用户和利润两个方面。好的广告可以促进用户的增长和收入、支出。通过对收支数据的统计分析，开发人员可以了解用户和利润是否处于健康稳定的水平，不驰于空想，不骛于虚声。对于消费者来说，通过问卷调查、用户体验反馈和其他方式来了解项目是否真正达到最满足用户需要的状态，以及在数据上，通过点击、效果和点击率来评估用户对项目的接受程度。[①] 越来越多的设计师正试图把自己的产品变成移动互联网的入口链接，要做到这一点，需要为用户提供良好的使用体

① 和群坡. 为手机创作——电影形态的又一次嬗变［J］. 当代电影，2009(12).

验。在任何情况下，用户体验都是项目设计的核心，没有这一点，优秀的广告设计就无法达到其价值。如果我们想生存，我们必须确定用户的需求，并准确地找到他们，以便他们能够接受产品。在移动互联网领域，“内容为王”的媒体属性仍然是制胜法宝，而我们能做的就是锦上添花。

优雅的用户体验设计应遵循用户的心理和行为模式，减少设计师与用户之间的认知差异，从满足底层安全的基本要求，逐步达到满足用户层次的要求。

（一）体验效果

与传统的范式不同，自然用户界面（NUI）是一种独特的移动形式、交互形式的规范形式，使多维的、自然的感觉体验成为用户体验的重要组成部分。用户可以通过视觉、听觉、触觉等感官渠道获取信息，如移动范式的自然、直接、快速、情景化的感官体验。交互体验主要表现在产品的实用性和易用性。只有基于用户的心理和行为才能得到有效的需求。设计符合用户的习惯行为序列，以确保产品主导信息有效沟通，从而达到良好的交互体验。产品定位清晰，功能实用，增添舒适、简单、自由的操作环境，充分体现易用原则。

我们应该尊重目标用户的主观能动性，关注高层次需求的用户，顺应社会文化和消费文化的发展趋势，根据受众对目标服务的需求，设计具有良好的情感体验的产品。

目前，人类不再局限于单纯的物质需求，而是以情感互动的价值取向为导向，对产品体验的追求也上升到情感层面。情感设计是围绕产品体验的一种新的设计理念，提高产品的用户体验是一个开创性的设计理念。[①] 它已成为产品设计的主流趋势。情感

① ［美］诺曼. 设计心理学［M］. 北京：中信出版社，2010：72-74.

设计的目标是抓住用户的注意力，建立用户与产品之间积极的心理框架。情感设计要注重用户使用产品的情境和情绪，构建有效的功效维度和高水平的觉醒维度，引导用户形成积极情绪，让用户体验产品时感受到关怀。

（二）视觉元素、规范设计

视觉是应用最重要的表现载体之一，它检验了应用的合理性和人性化。视觉元素的情感设计直观、高效，可以增强用户的感官体验和本能层次的情感体验。①

为了保证现有的用户体验，我们需要坚持每个平台的通用设计规范，以保持与本机体验的一致性。设计规范包括两部分：共性和个性。同时，我们需要寻找并坚持个性化设计规范，以揭示产品的个性和气质，这要求设计师在平台模型之间达到平衡，并要求设计和平衡的规范，然后决定设计和创新的观点。在我们的项目中，引入了降低用户认知成本、提高用户体验、提高产品效率的新方法，是设计规范创新的评价标准。

隐喻在各种设计应用中都是普遍存在的，是最具创新性、最活跃的创意形式之一，是指导用户认知的有效途径。这个隐喻具有可预测性，它可以给用户带来操作和安全的感觉，这对提高用户体验非常有效。我们的产品更需要隐喻设计技术的有力支持。比如，在天气预报的 APP 应用界面中，我们可以通过一个垂直的圆角矩形来清楚地了解未来几天的温度变化。这种以图形代替文字的隐喻设计，可以简洁、直观地表达相关信息之间的逻辑关系，使用户操作起来简单易行。

隐喻的巨大优势正在逐渐应用于产品设计界面中。仿真对象包括模拟真实物体的界面模拟和模拟现实操作的交互模拟。当产

① 钮玉．基于认知心理学的网页情感化设计研究［D］．昆明：昆明理工大学，2011：15.

品的视觉对象或操作与现实世界相似时，用户可以快速掌握设计者的意图。例如："锤钟"应用程序以恰当的设计命名。产品闹钟不仅用操作界面模拟真正的闹钟，还特别用了纤细的秒针，动画效果到位，具有金属质感面，定时器界面设计可爱有趣，可以推动公制尺设置时间，操作简单，使用方便。将用户与任务的操作连接起来的是操作流程，在一定程度上可以认为操作路径是高效、流畅的。当用户使用产品时，就好像他们在与时间交谈，感受时间的流动，市场反馈良好。① 隐喻是两种不同事物之间的一种物理或心理上的相似性，它可以通过有意义的转换来连接不同的语义场，创造新的意义。相似性是隐喻设计的逻辑基础，设计师在设计中应仔细揣度隐喻的相似度，不要过度滥用视觉，避免产生视觉噪声损害用户的流动状态。

界面层内的产品信息、嵌套、相互交叉的状态，体现在视觉界面上是产品情感设计研究信息视觉层次的界面，映射出产品信息的逻辑结构。在界面设计中，如何排序和呈现这种关系的层次结构必然会影响用户任务的有效性、信息传递的效率以及用户体验的优劣。事实证明，清晰的平面视觉层次结构可以减轻用户的认知负担，简化操作，使用户能够快速定位产品组件的逻辑关系，并符合移动范式的情况。可视化层次结构的优点和缺点可以通过两个主要的操作流程和可视化流指标来衡量。用户界面是注意力的焦点转移流、视觉流。视觉流平滑程度是决定一个视觉层次结构是否合理的重要因素。

六、进行艺术类创业时，要认清艺术与技术的关系

随着科学与经济的逐步发展，人类社会的进步，技术也得以推进。计算机、互联网、摄像、录像、电子技术等的发展为艺术

---

① 张亮．细节决定交互设计的成败［M］．北京：电子工业出版社，2009．

的多样性提供了可以利用的条件。艺术较其他行业是一门实践性和综合性较强的门类，技术的发展对其影响也至关重要。新媒体艺术是当代艺术的一个重要形态，它所呈现的视觉形式和特征与所处的时代相吻合，光学媒介和电子媒介是其基本语言。新媒体艺术类型包括计算机艺术、影像及影像装置艺术、移动媒体、全息投影、虚拟现实、人工生命、基因艺术、网络艺术等。这些技术可以运用到舞台美术、游戏、互联网等领域。

当然，多数情况下，艺术与技术两者应该相辅相成、缺一不可。技术和艺术没有孰优孰劣，它们不是处在相同的维度，所以很难对比，但两者应有主次之分，其关系是很微妙的：技术可以在一定程度上改变艺术，艺术在一定程度上可以反映技术；艺术需要技术的支持，技术也需要艺术来完善。每一次技术的革新都会给艺术带来一些改变，这些改变无论好坏都将会给创作者及观众带来不一样的感受，技术为艺术的表达提供了可能性。

例如，有了摄像机和胶卷才产生了电影，在这段关系中，摄像机和胶卷充当了一种物理介质，再到后来，声像技术逐步发展，3D 电影、球幕电影也逐渐涌现在观众的视野中。技术的核心是操作及运用，艺术的核心和价值在于它的情感表达和对事物的认知理解，优秀的艺术家一般都通过较高的专业技能来表达自己的思考。以电影史为例，每一次技术的突破都会对电影的视听语言和影像带来突破，爱因汉姆曾说：“有声电影及彩色电影的出现使电影失去了艺术性。”在那个时代，黑白影像、无声影像是一种较为传统的电影形式，在那个“默片时代”，电影是舞台式表演，所以那时候的演员就必须发挥他的夸张的表情和肢体动作来感染观众，那个时代孕育了很多独特的表演艺术家，例如卓别林，其代表作品有《摩登时代》《马戏团》《大独裁者》，他的表演精湛绝伦，他在当时甚至还兼任导演、编剧、制片、配乐。他看透了当时美国社会并且敢于用自己的作品来抨击，去引导更多处于迷途中的人走向光明。也许一个人的伟大并不在于他拥有多么高贵的品质，而在于他知道事情的真相而敢于与这股强大的力量抗衡，这也是艺术的力量。随着技术的发展，更多的人关注电影，默片时代后加入了音效与声音来使电影表现的情节更加贴合实际。技术改革到当代，这样的形式就难免缺乏趣味性，观众对视觉和听觉的要求也越来越高。再到后来，《阿凡达》的成功震惊了整个影视圈，它代表了一种新技术运用的成功，你可以通过电影真正感觉到自己置身于潘多拉星球，这种画面的整体实现得益于计算机技术的发展。

动画的发展也是如此。动画是一门综合性很强的艺术，它所依托的媒介也较多，从它的发展可以看出技术革新对艺术表达的重要性。动画集合了绘画、漫画、电影、摄影、音乐、文学等艺术门类。1892 年埃米尔·雷诺在巴黎葛莱凡蜡像馆放映光学影戏，标志着动画的诞生。1906 年美国人詹姆斯·斯图尔特·布莱克顿制作了世界上第一部动画片《滑稽脸的幽默像》，整部影片都没有声音和色彩，而后，法国人埃米尔·科尔用负片来制作影片，解决了影片载体的问题，1913 年伊尔·赫德用“赛璐璐片”来作为动画的制作载体。1928 年华特·迪士尼制作了世界上第一部有声动画《威利号汽船》；1937 年制作了第一部彩色动画长片《白雪公主和七个小矮人》；1995 年，得益于电子计算机的发展和软件（例如 PS、MAYA、TVP 等）的开发，皮克斯公司制作了第一部彩色三维动画长片《玩具总动员》，为人们带来了前所未有的感官体验。

技术对音乐的发展也影响深远。在人类社会还没有产生语言的时候，人们就已经懂得利用声音的高低、强弱来表达情绪，人们在庆祝的时候还会打击石器、木器来表达自己欢快喜悦的心情；渐渐出现的钢琴、小提琴、笛子等乐器逐步完善和丰富了音乐的形式，电子设备的兴起也为音乐的记录提供了新的可能。计算机的运用，为音乐的传播创造了条件，同时交通的逐步便利、影像的发展，使音乐演唱会也得以实现。技术的发展降低了音乐生产的门槛，因此当代社会涌现了许多独立音乐制作人。合成器、音乐制作软件、录音技术、新兴乐器等的涌现极大丰富了音乐的内容。然而，技术与音乐的关系并非都是美好和谐的，因为这是一个自媒体时代，科技促进生产力的发展使得如今的音乐产量大大提高，也变相缩短了一首歌曲被人遗忘的周期，想想从前总是靠听着电台播放的经典歌曲入睡，一直萦绕在耳畔，那也正是经典之所以经典的原因之一。并且，这一现象导致了唱片行业的衰弱，苹果数字音乐产品线和 JINGFM 等网络音乐平台逐步成为受众聆听音乐的主要媒介。

3D 技术增强了人在听觉和视觉上的感受，4D 技术在 3D 基础上又增强了触觉上的感受，5D 技术在 4D 基础上又增加了嗅觉和动感的进一步感受，并且由于虚拟现实的出现，越来越多的电影公司也正在研发这一门技术，相信在不久的未来，VR 电影的普遍化将不再是不可能。

很多艺术作品过于注重新兴技术而忽略其本身艺术作品的韧性和可接纳程度，这是一种不可取的行为。例如，2009 年上映的 3D 电影《阿凡达》，其全球累计票房达 30 亿美元，赢得了市场的一片呼声，也是从那个时候起，3D 电影走入人们的视野，被电影公司视作一座可以开采的金矿。由于 3D 电影画面更加有层次，很多原本是 2D 的电影被强行改成 3D，并且将一部 2D 影片转换成 3D 远比拍一部影片要便宜很多，如此的行为使得很多电影失去了其本身的艺术性。

技术的最高境界是“无我”，艺术的最高境界是“一切即我”；技术是方法，艺术是情感表达；技术更侧重于客观的程序，艺术更侧重于主观的表达；技术有着固定而明确的模式，艺术则是以技术为基础和手段，对于艺术家来说要达到情绪表达的作用，对于观众来说要达到情感体验的目的。因此，技术的最高境界是“无我”，因为当一个人全身心投入到客观程序中时，他脑海里全都是客观程序，这就是技术的最高境界。而当一个人完全沉浸在自己的情感中来表达艺术创作时，他的一举一动都受到了情感的驱使。技术求真，是知性的产物；艺术求善、求美，是感性、意志的真实写照。

总之，每一种形式都跟所处的时代有一定的关联，如何将技术反映到艺术中是每个艺术创作者值得思考的事情，而并非将艺术作品流于表面、流于某种形式。充分肯定艺术的价值，深化自己的艺术作品的主题，通过技术让欣赏者把握艺术家的思维轨迹显得尤为重要。

七、艺术类创业项目的技术应用之路

（一）引入技术要素的分类思考

本部分以移动应用为例，分析艺术类项目引入技术要素的分类思考。

在这样一个以淘宝、腾讯、百度为代表，反映创新意识和进取精神的互联网时代，用户可以扩展软件服务的可视性。很多企业都在致力于开发自身产品的移动应用软件，并不断促进移动应用软件的改进和发展，进而推出新的软件服务平台，这同时也促进了互联网行业的发展。

移动应用是在智能手机、平板电脑和其他移动设备上运行的应用。移动应用可用于提供移动阅读、移动搜索、移动身份认证和支付、移动自助服务等功能。智能手机的发展和普及引发了移动应用的快速发展，各生产厂家在手机软件开发和推广上绞尽脑汁，大大促进了手机行业的快速发展。

1. 项目开发要保证实用性、科学性

一个良好的互动项目开发人员必须以人为本。以人为本，贯

穿整个设计过程；以人为本，以最基本的需求为出发点，始终秉承人性化、绿色的设计理念。移动应用的设计必须是为了方便用户的生活，所以实用性是最基本的要求。要不断完善应用的人性化色彩服务，满足用户最直观的需求。随着科技的不断发展，人们对移动应用的要求也在不断提高。新时代，应当不断完善移动应用服务质量的各个方面，提高研究开发的水平。

2. 微信推广程序

作为一种第三方应用，较为成熟并且广泛应用于市场的APP运营三大模式有：以在背景、道具等宣传载体上植入软广告和界面直接跳出播放的硬广告为主的广告模式；以品牌或口碑为导向，获得以用户的下载使用、内容订阅为主的用户模式；以淘宝、京东、聚美优品等品牌为模型，通过与支付宝、微信支付、快捷支付联合，将互联网购物同步移植移动终端，让用户自主购物完成在线交易为主要手段的网购模式。在前述“蜂窝媒”APP的实际运营中，这三种主要商业模式往往是交互进行的。

3. MCM、ASO等技术要素引用

在互联网时代背景下，MCM（Mobile Content Management System，移动内容管理系统）就是人与物、物与物的实时交流。在人的作用下，智能型、交互式就是其最显著的形式之一。因此，“人工智能”就是MCM的一种称呼。

目前，国内MCM模式的应用普及率不高，归根到底是由于MCM业务系统的核心——通信网络技术较国外有一定差距。以通信网络为技术核心的MCM模式不仅是一种互联网和物联网的融合模式，而且是一种数据、视频、信息等方面的处理模式。随着RFID、传感器网络、无信通信技术、4G、WIFI等通信技术的发展和普及，MCM渐渐扩大了智能化范围，对新媒体和互联网的依存度越来越高。就APP的MCM模式而言，普及率还不够高，因为一方面和手机自身的处理系统有关；另一方面，用户对人工智能的信任度还不够高，因为人工智能不能完全保证用户信息的隐私，一些手机号码、银行卡号的泄露已成为无可争议的事实。

以微信为例，从国内目前数以万计的公众号来看，有相当大一部分微信公众号不是受限于品牌外包及科学技术，而是本身就没有一个可供企业转型的基础。在自身业务功能还未开发完全的情况下，强行加入其他盈利销售模式。作为微信公众号，要做好线上的基础服务，同时，做好细致化、全面化的服务转型。但线上的服务转型依旧不能忽略，而且更要重视。这是因为线上的一些服务模式需要用户适应，而且线上咨询的信息量和针对性远没有线下强。

应用商店优化，在 APP 行业中具体是指在各类 APP 电子市场排行榜和搜索结果排名的过程。以 APP Store 为例，ASO 优化（APP Store Optimization，应用商店优化）主要做搜索优化、相关搜索优化、榜单优化和转换率优化四类工作。国内 APP 盈利模式的基础是有一定的自然用户量。而 ASO 技术正是帮助“蜂窝媒”APP 通过有效的途径，让用户选择自己需要的 APP 并下载使用。所以，如何让用户在打开 APP Store 时第一时间找到自己的选择，是移动应用设计和推广的一个关键性问题。目前，国内使用最多的提高 ASO 优化排名的方式是做关键词优化。除此之外，了解竞争对手的 APP 应用关键词，从而做出更具贴合性、实用性的关键词，也可作为吸引用户的标准之一。另外，提升 ASO 排名还可通过增加评论量和优化评论的方式来实现。但目前 APP Store 对刷评论管理较为严格，建议可采取 APP 与子 APP 相互结合的方式。例如：“蜂窝媒”APP 的评论与数据可在 APP 商店购物类中引用，加上 APP 商店购物类本身的评论，吸引度会大大增加。这样的模式也可应用于关键词的覆盖中，从而为企业自身主营的APP赢得较高的关注度。

业内对HTML5的关注源于2010年苹果公司前总裁乔布斯的《关于Flash的一些思考》，文中涉及新的开放的多媒体应用平台HTML5技术。

HTML5技术很好地替代了Flash和Silverlight，为站点带来了更多动态多元的文字、图像和视频的多媒体元素。对主流站点的功能增加、用户分流提供了更多体验。尤其是对商业视频广告和网络游戏的运行，提供了更多人性化技术支持。但搜索引擎对用户站点的抓取和发掘，不利于用户隐私的保护。对手机应用而言，视频技术一直是一个头疼的问题，不仅仅是流量问题，而且是后台庞大的运营能力问题。而HTML5技术告别了运营完全依赖手机系统的稳定的时代，将技术中心转向浏览器的页面技术更新。因而，今后的可用超链接方式，将视频放置于浏览器中，将企业自身的网站和手机应用相结合，大大拓展企业的业务范围和介绍功能，能在一定程度上为用户提供更多讯息和更舒适的体验。

4. 二维码技术

二维码是一种黑白相间的、能与计算机代码对应的几何图形，最早在2003年的日本兴起。智能手机普及之后，二维码技术被应用到多个领域，现在已成为移动互联网线上与线下实体进行对接的主要窗口。二维码技术在运营过程中主要应用于宣传与支付。用户往往不需要通过繁复的输入，只需扫描即可进入企业主页。二维码扫描除了用于积累用户数量外，最重要的模式是用于线下体验。目前，二维码技术与O2O和M2M模式结合较紧密，但在国内，二维码技术还只是一个互联网入口的概念，相对于蓬勃发展的互联网技术，应用模式较狭窄。企业在二维码技术的发展中，完全不必拘泥于宣传与支付，票务凭证、物流信息、售后服务、专利认证等方面也可通过电子化二维码达到分站式一体化服务。

（二）技术的可行性分析

新媒体技术的发展以及运用，更新了很多艺术类别的表现形式以及传播方式。了解和掌握对艺术类项目技术的可行性分析，有助于更好地将产业投入实际运行中，更快更高效地达到预期的效果，以及在出现问题时做到快速处理和规划未来。

对项目主要内容和配置条件进行可行性分析，如对工艺路线、建设规划、市场需求、资金筹备、资源利用、人力资源分配等做出一个较为系统的分析和调查研究，并通过数据分析对项目完善后可能取得的财务经济效益做出系统性分析，从而探究该项目的疏漏之处并进行完善。方案的决策计划性不能突破组织技术人员所掌握的技术边界。全面地考虑发展过程、开发过程可能遇到的阻碍，包括开发方法、网络结构、系统技术等。多多采用成熟的技术，成熟的技术是经过人类多次反复检验并已经确保行之有效的技术，在补充和优化、可操作性等方面有一套较为成熟的系统，能大大提高项目的成功率。小心引进新兴技术，若新兴技术仍然处于实验阶段，未经过大量的实践检验其可行性，离实体运营操作仍然有一段距离，在出现问题时，可能难以解决，因此对于新兴技术的利用必须慎重，这样才可以做出客观的技术可行性评价。

技术的可行性分析应具有预见性、公正性、科学性、可靠性等特点，有效防止项目在实际操作运行中出错。

在提出一个项目后，以经济效益为核心和主要目标，对其进行可行性研究，要以一个全面的、系统的分析为主，运用大量的数据资料（如市场调研、调查数据、计算图表、论证材料、附图）来证明项目在投入市场后的可行性，使自己的论证更加具有说服力。对整个可行性研究提出综合分析和评价，可利用SWTO分析，并指出项目的弊端以及在出现问题后的解决策略。

可行性研究必须以国家的法规和政策为前提，并将相应的技术资料作为补充，主要依据包括：国家政策分析、经济建设指导方针、文化产业政策，市场调研信息资料，项目建议书及修改意见。

技术的可行性研究与分析对于项目过程乃至国民经济都有非常重要的影响。在分析过程中，做好先论证后决策的准备，站在客观角度，公平公正地进行决策和规划，掌握切实可行的资料，并正确理清项目策划书、可行性研究以及讨论评估的关系，杜绝形式主义。

1. 做好技术的可行性分析

要做好项目技术的可行性分析，需要做到：

（1）准确分析市场需求。

中国经济的快速发展为中华文化的繁荣带来了新契机。国民综合素质的提高，促使大家对精神文明的追求也相应增加。文化艺术产业市场价值的提升为更多的人提供了选择，如从事流行音乐、美术画展、舞台剧、数码摄影、播音传媒等行业的人才都有快速增长的趋势。越来越多的人投入这些行业，壮大艺术市场来满足更多受众的审美需求。因此，开发艺术产品，需要了解市场的需求以确保艺术产品上市后有人购买。

（2）准确分析项目特色。

对项目的名称、功能、外形、包装（若是舞台剧则是舞台美术、灯光等）进行简要的介绍，并给出该项目异于其他项目的优点，并做出相应分析。项目的特征是对消费者认知、情感、行为的主要刺激。

（3）准确评估资金情况。

资金是项目可行的重要支撑，一个项目的实现必然离不开足够的经费投入。要吸引资金，就要通过合法合理的方式，熟悉融资过程。在这个基础上，做好前期准备，写好商业计划书，评估产品或者项目的价值以及投入市场的效应。

2. 具体艺术门类的技术可行性分析

具体艺术门类的技术可行性分析：

(1) 美术。

一般美术专业学生毕业多从事设计师、美术教师等职位，当然，在创客时代下对美术人才的需求也提出了新的声音。互联网美术项目的分工越来越细，形式也多种多样。响应“大众创业，万众创新”的号召，成为当下经济发展新引擎，新兴的产业迅速产生，依托互联网平台，运用云数据和发散性思维，开阔了就业的视野。可以说，新时代下的美术已经渗透到我们生活的方方面面，产品需要包装设计，衣服需要服装设计和染织设计，广告需要动画、影像等新兴技术。生活与美术的紧密结合至关重要，也因此改变了许多美术专业人员的思维方式。互联网的出现冲击了传统的美术模式，较之前的美术，当代的美术更趋向于快餐式的艺术消费，使得艺术更加亲民，更加快捷。美术从业者思想新潮，思维敏捷，动手能力强，在互联网时代下，可有效快捷地获得自己想要的信息，借助“互联网+”这个有效的平台，可发挥他们各自的才能。

美术院校大学生创新创业应从专业出发，充分结合学生的特点，将专业资源进行整合，为学生搭建特色的创新创业平台。制作一个适合大众的“艺术+”创客空间，美术类项目应当充分考虑当代新兴科技。

例如，被称为“第三次工业革命的重要标志之一”的 3D 打印技术，是一种具有工业革命性的制造技术，设计师们愈来愈多地利用数码技术等新兴技术的进步来制造愈加复杂的几何结构和难以通过手工制造来实现的艺术品，3D 打印技术的出现使设计师不再追求自己的设计品的最终形态，而是使产品更加的人性化。

虚拟现实（VR 技术）也对美术行业有较大的改变，它的产生改变了传统的电影行业，也改变了很多游戏公司的操作理念，增强了观众与虚拟场景中人物的互动性。由两位年轻的意大利艺术家菲里波·纳塞蒂（Filippo Nassetti）和亚历山大·佐帕莱利（Alessandro Zomparelli）开发生产的 3D 作品“胶原蛋白”（Collagene）的定制面具，是一种可以由游戏控制传感器扫描人脸的软件，在此扫描基础上制作的面具。

因此，作为美术类专业的创业者，应该有一个敢于运用信息技术的心，不断挑战，不断突破。

（2）音乐。

如今，音乐产业也进入转型时代，可以说，国内的音乐产业一直没有形成规模化与产业链化，没能从本质上造就音乐产业的升级与转型。因此，响应当前这个“互联网+”加持的全民创业时代，音乐圈内应该有人站出来做必要的尝试，这样才能从根本上促进整个行业的发展。

从目前的情况看来，做好音乐平台才能推动音乐的发展。早期各种音乐类工作室以及唱片公司的出现是音乐专业化的体现，但仍然属于传统的音乐产业。之后产生的艺人网站都是音乐尝试通过互联网转型的有力证明的开始。在进入移动互联网之后，音乐产业也同其他产业一样发生了翻天覆地的变化，各种音乐类 APP 应运而生。APP 逐渐替代了 PC 音乐网站，创造了良好的市场发展环境，互联网的产生成就了很多网络歌手，现在，互联网已经成为歌手和歌曲推广的主要载体，网络更加的个性化、真实化、大众化。

在互联网领域涉及音乐类的 APP 较多，很多创业团队还在积极投身于音乐 APP 的研究与开发。对于目前市场上 APP 的运用，普通群众熟悉的有网易云音乐、酷狗音乐、酷我音乐、百度音乐等；当然，也有偏社交类的音乐 APP，如唱吧、全民 K 歌等；也有偏游戏类的音乐 APP，如疯狂猜歌、节奏大师等；也有内容偏电台的音乐 APP，如喜马拉雅听等。总之，音乐类 APP 在市场上流行较广，开发价值也较大。

当然，在音乐产品用户超过 500 万之后，就要考虑如何盈利的问题了。音乐的创业项目基本都是以在线听歌为切入点来连接艺人与听众，最终形成一个常态化机制。在这方面，唱吧、全民 K 歌这类社交类 APP 的开发却有些另类，它是以在线唱歌为突破口，它抓住了中国人喜欢唱歌这一个普遍的行为。如今，唱吧这类 APP 已经成为市场上火热的音乐类 APP，唱吧已然落地，形成一个 O2O 的 K 歌生态模式，很容易在以后衍生出演艺业务。无论如何发展，这类 APP 的用户体验都满足了用户的个性化需求。

当然，连接歌手与音乐的项目（演艺产品）也有很多，在培养更多娱乐用户的同时还应该培养更多的音乐艺人来壮大音乐库，推出新歌来满足更多用户的需求，从《中国好声音》《中国好歌曲》《我是歌手》等这类电视综艺节目来看，大家会看到观众都有较高的音乐审美能力。

胡彦斌的“牛班 Newbandapp”是以音乐教学为主的兴趣类的在线教育产品，郑钧创造了以音乐交互创作和版权金融为主的移动众创产品——“合音量”。像这两个产品，是音乐教育与音乐创造环节的产品。当然，还有马客做了关于音乐众筹网站项目“乐童音乐”，是业内具备完整的商业模式的音乐互联网创业项目。上海久尚从运作模式上引入日韩模式，打造了名为 SNH48 的女子偶像团体，同样是一种音乐产业的创新。汪峰也尝试了演唱会 O2O。

近些年来，民办音乐节成为人们休闲时间的娱乐活动，它的产生让音乐更加的亲民化，让观众们大饱眼福，更重要的是，这种演唱会的门票通常很低，改变了人们对演唱会高大上的固态印象，这种平民化的演唱会一定程度上推动了音乐产业线下的演艺发展。但这种音乐节由于观看的人数较多，所以对场地、时间、交通有一定的标准和要求。

歌手作为产业链的串联者，将词作家、曲作家以及音乐工作室都联系了起来。歌手创业要把握充足的人脉资源和坚持原创精神。只有在熟悉一个行业的前提下，才能进行创新。平民音乐节、合音量、牛班的出现是音乐在运行过程中的创新，只有更多的音乐人投身于音乐事业，才能真正地促进音乐事业的发展。

(3) 体育。

我们先看看参与体育的人群分类：参与者（包括职业或非职业运动员，或者去体育用品店买体育用品以及租场地做运动的消费者）、爱好者（喜爱看比赛但不参与运动的人）、场地运营者、教练、赛事组织服务者、装备提供商、传播者（包括在荧幕上进行体育赛事讲解的主持人等）。通过分类可以看出，若是这类创业想要盈利就必须准确分析目标人群，也就是参与者和爱好者，因此，所实施的项目应该直接或者间接地从他们身上着手。在体育行业，基本上有以下几种情况：

①教练提供技术指导，为参与者或者爱好者进行较为专业的训练和培训。

②在城市附近租一片场地进行场地建设作为场地的租赁。

③销售体育用品，可通过实体店销售或者网络销售。

④举办体育联赛（如足球、篮球、排球联赛）。

⑤构建体育类网站或者论坛，供体育爱好者对球衣或者鞋子、体育赛事进行讨论与交流。

⑥开发体育类 APP，APP 上都是有关体育新闻或者体育装备的推广。

⑦注册运动品牌后进行体育装备的开发和生产。

⑧培养一支球队进行体育培训后打比赛。

⑨建网上体育社区，为各种足球队建立网络基地和相互展示的空间，并实时转播世界足坛新闻，如 CHINAGO 和虎扑。

⑩销售比赛数据和博彩数据，如搜达足球和球探网等。

⑪办一个体育赛事网络直播，供给赛事组织者。

体育类项目创业必须看好市场规模，定位好目标市场，做好行业竞争（产品竞争、品牌竞争、平台竞争）的准备。

（三）技术的咨询与管理

创业技术咨询是极有必要的，创业在一定程度上可以促进就业，当今越来越多的大学生面临就业困难的问题，而创业可以合理地解决这一问题。2007 年中国共产党第十七次全国代表大会提出了《就业促进法》的主要内容和政策支持的重点。在这次会议中明确指出，我们若要做好创业、带动就业就需要加强专业的创业培训工作，提升创业者的创业能力和创业团队的经营水平。

2005 年我国提出“能力促创业计划”，随后在全国范围内开展了以指导创业、开发项目、孵化企业、融资服务和跟踪扶持为主的“一条龙”创业服务，并建立了创业咨询师队伍（成员由创业服务的专家构成，他们在实际操作上掌握着引导创业成功的方法和技巧），创业咨询师可以利用自身的知识帮助正在准备创业的人员，运用自身丰富的实践经验和自己把握的鲜活的典型案例对准备创业的人员进行比较专业的分析和指导，为更多的创业实践者指明道路。

创业者在创业过程中，要懂得创业技术咨询的重要性，找准合适的投资方向。大学生创新创业的理论知识基础较强，要合理利用这一点，因为他们在创业团队的数量和想法上都占上风，但大多缺少经验，因此需要经过各类创业赛事的锻炼才能更快地发展成为一支无论是专业方面还是做事方面都比较出色的创业队伍。创业技术咨询服务的主要目标在于完成指导从创业策划到创业实践的过渡，从而起到创业加速器的作用。

那么，如何组建一支创业技术咨询服务的队伍呢？

1. 实现优势互补

要实现优势互补，对于合作对象（团队成员）的选择有一定的要求。可通过选取专业背景不同、个人专长不同的人，因为每个人都有自己的优缺点，一个人的能力总是不够全面的，所以不同的人可利用的资源也就不尽相同。资源互补性的团队比资源相似性的团队总体来说会更有竞争力。一个创业团队就像一只足球队，前锋、中场、后卫、门将，每个人若想赢得比赛，就应该各司其职。因此，一个互补性强的团队组成的创业队伍，是比较完善的，他们将有强大战斗力。

2. 选择专业领域内的专业人士

创业咨询服务团队成员应该对自己的专业有一定的了解，且要有强烈的团队意识，团队里面每个人都必须要有专业特长，并且有能力在各自位置上真正发挥作用。

3. 拥有共同的目标、彼此相信，拥有合作意识

团队的目标必须一致，不然极可能在团队出现问题的时候导致目标瓦解。团队间缺乏信任就会引起争执，导致整个团队意见不一致，这样的团队也会很快走向失败。

为了更好地组建一支创业精英队伍，高校应该开展创业技术咨询培训班或特训营等活动，以此来提升创业服务人员的沟通理解能力，让他们更加理解创业者的真正需求。在分析创业问题时，初步训练创业服务人员对创业者和创业项目的辅导咨询能力，提升他们创业的辅导能力，协助创业者在创业之路上走得更加稳健。通过创业培训，团队组员能分析常见的创业实务基础知识和相关法律政策，提升其专业能力和道德素养，促使他们在工作中遇到实际问题时能更加耐心地解决。提高创业平台、孵化器和众创空间创业的服务水准是打造一支优秀的创业服务队伍需要

的必要条件，这样可以提高高校创业服务的综合能力。

高校毕业生创新创业能力的培养适应了经济发展和职业教育改革的需要。从互联网与传统艺术产业的交融来看，在当今社会，传统的第一、第二产业受到的极大冲击对人们的就业观产生了一定的影响。在这种背景下，创业能力的培养被提上日程，在培养原有应用型人才的基础上，还要顺应时代发展的需要，增加创新创业人才的培养。

第三章　关于成果转化

一、创业管理

（一）寻找市场：创业营销

营销就是要让这个产品的使用能力也就是它自身的价值能满足消费者的需要，进而满足一定的目标市场需要，最终让目的消费者来买这个产品的过程。

营销的目的是产生可持续性收益，换句话说营销的目的只有一个：盈利。有许多很好的项目，尤其是艺术类院校相关的创业者的项目做到最后很容易流产，其中很重要的一个原因就是市场营销没有做好。造成这种状况的原因往往有两点：一是前期做产品的时候兴致高昂，一心想把自己脑中的方案做到完美，闭门造车，缺乏市场调查，没能够真正地去了解消费者的需求，从而造成做出的产品没有市场，企业亏损，最终倒闭；二是做出的产品很好，但是市场营销做得不到位，或者根本没有营销渠道。根据笔者的观察，艺术类院校的同学们都是很单纯的，很多人主观地认为只要自己的产品足够好，不用营销也会有人买账。实则不是这样的情况，随着科技高速发展，时代变迁，作为一家企业，创造收益是至关重要的，因为资金永远是企业的命脉。著名的联想集团也曾经经历过生死攸关的选择。当年联想集团的市场份额遭到外国品牌的挤占，有两个选择：一个是联想元老们的主张，要关起门来做研究，在质量上赢过外国品牌；但联想集团的董事长柳传志不这么想，他的主张是要充分运用市场营销的手段迅速占领市场份额，从而获得足够的资金来支持产品的开发与研究。最后的结局验证了柳传志的决策准确无疑，因而才有了现在强大的联想集团。如果当时联想选择关门搞研究，那也许我们今天可能就看不到这个电脑销量居世界第一的大集团了。

1. 辨识机会

机会是不会主动出现的，需要我们主动去搜寻。那么，怎样才能搜寻到机会呢？在搜寻机会的过程中，我们要做到哪些方面？这些是值得我们探讨的。首先你需要多关注热点新闻，因为新闻会让你更加了解国家政策的走向，当你对这些有一定的了解后在遇到任何一个情况或者机会的时候就可以快速地判断：这个事情是否符合国家和地方的政策，以及是否符合未来的国家和地方政策。因为任何一个“机会”的存在时间都是相当有限的，而且去准备它也是需要时间的。在中国，任何事情都必须在不违反政策，最好是顺应政策的前提下才能算是“机会”。这里借用一个很恰当的比喻：符合了政策，那就像高铁，有道路、有方向、有动力源；否则就会变成迷失在汪洋大海中的一条小船。所以要想创业成功就必须对国家和地方当下的政策有所了解，而且要对未来政策的走向有一定的预判能力。

2. 开发产品

当今社会的发展速度是很快的，消费者也是，所以要想让自己的产品更有市场竞争力，就必须让自己的产品的更新换代跟得上时代的步伐，跟得上或者超前于消费者。做到这一点总的来说大概有两个方向：一是对同一件产品做不断的更新换代，因为世界上永远没有完美的设计，产品是能越改越好的，一把名垂设计史的椅子在诞生之前可能经历过一百多次的修改，所以不断升级自己的产品，可以在纵深上增加自己产品的竞争力；二是不断地推出新产品，从广度上赢得市场。

3. 吸引客户

随着市场经济的发展、综合国力的增强，我们的生活水平也越来越高，获得消息的渠道越来越多，所以对信息的获取也更加便捷，见得多眼光自然就高，这就直接导致了现今消费者的挑剔。所以，要想吸引客户，首先要做的一定是对客户进行细分，认真去分析每一类客户的需求。这里一定要细心分析，眼光要长远，切忌随波逐流，一般情况下表面的流行不一定会长久，要学会抽丝剥茧去寻找客户需求的本质。

举个与艺术类学科有关的例子。近两年来，在大城市的各大商场中出现了一系列的手工体验馆。分类很详细，最开始出现油画体验馆，紧接着相继出现了手工皮具体验馆，翻糖蛋糕、糖霜饼干体验馆，陶艺体验馆等，这些体验馆看起来形式很新颖，也很流行。但是大学生创业者若是盲目地跟风，比如看到开陶艺体验馆很成功，自己便也会开一家陶艺馆，但自己并不懂得怎么经营与销售，那我们相信这个陶艺馆肯定是难以长久开下去的。

当透过这些现象去分析本质的时候，你会发现，这些店的经营模式还是挺常见的，在更早几年的时候，有许多卖糖果和巧克力的店纷纷推出过手工 DIY 一份独一无二的礼物给男/女朋友的概念，这种做法在情侣间很流行，因为，“独一无二”这个概念正中情侣们的心思。社会在进步，时代在发展，人们的物质生活水平也在同步提升，进而，人们对生活的追求转移到了精神层面。而此时社会上涌现的一些体验馆，正好与此现象契合，既满足了当时人们的精神追求，又开拓了市场，获利不少，可谓一举两得。所以，创业的时候一定要去分析什么才是顾客的真正需求，这样才能真正吸引客户，才能走得长久。

4. 订单执行

订单的执行是整个创业营销中经过机会的辨识、产品的研发、对顾客的精准辨识之后，重要的一环。不管前期广告做得多么精彩，最终还是要回归落实到产品之上。不管是实体的产品、虚拟产品还是某种服务，这个时候就不仅仅是要完成订单了，而是要去努力增加产品的附加值。

举一个虽与艺术无关但很著名的例子：海底捞火锅。海底捞火锅店在过去几年是如何取得巨大成功的呢？去过海底捞火锅店的人都可以感受到它的不一样。它的不一样并不光是味道上多么的新奇特别，而是其店内服务。每次到饭点时，海底捞火锅店一定是爆满的，但从等待排号到吃饭、到结账离开，每一个环节都会有贴心的服务，每一个服务员都尽力对顾客关怀备至。一般情况下排号等待用餐的过程是很枯燥的，也有很多人在等待的过程中失去耐心另寻他处，但在海底捞火锅店，等待区不断有服务员送来瓜子水果及各种小食，还有免费的茶水，大家嗑着瓜子聊着天，等待的时间也就显得不再那么无聊漫长。当顾客上桌吃饭时，他们的服务也是相当贴心，每个服务员都如同顾客的朋友，极其热情。他们会细心地提供装衣服的袋子及围裙，防止沾染油烟或者油滴喷溅；对于披着长发的女顾客，还会提供绑头发的皮筋，方便其用餐；离开的时候还会送顾客各种小礼物。从这个例子可以看出，在执行订单的过程中附加价值有多么重要，它比广告更有用，因为这给顾客的感受最直观，最终会形成一种自发的口碑，还有助于培养顾客的忠诚度。

5. 培养忠诚客户

如果企业想要长期发展，培养忠诚客户是必不可少的。开发新的资源总是存在风险和不确定性的，而忠诚的客户会是一种稳定的资源。而且稳定的客户群还会帮助介绍新的资源，开发新的市场。

培养忠诚客户存在于创业营销的各个环节中，第一步是发掘客户的真实需求，第二步是开发相应的产品，第三步是吸引客户，第四步则是订单的执行。对于如何在执行订单的时候顺便培养忠诚客户，在上一个版块已经举了一个例子。具体来说，培养忠诚顾客主要分为以下几个步骤：

（1）交易初始期：提供高质量服务，留下良好的第一印象。

尽量站在客户的角度去思考，满足客户的需求，甚至在顾客有需求之前就帮他们想到并做好。这样顾客就会有一种物超所值的感觉。要在细节上体现尊重和关注以此赢得顾客的好感。

（2）消费上升期：使用营销途径，留住忠诚客户。

当企业的产品或者服务做到让客户感到满意与舒适时，该客户一般会再次光顾，这个时候很关键，因为这是培养客户忠诚的最佳时期，所以在这期间，要多多了解客户的消费需求，挖掘客户潜在的消费倾向。这时候要建立起现代化的客户个人信息档案，了解这类客户的喜好，当再次光临的时候可以推荐有针对性的产品、提供顾客所需要的其他服务。与此同时，对忠诚客户进行一定程度的奖励，如享受赠送、折扣等优惠，或者吸引其成为VIP 客户等，加强与顾客之间的感情交流。

（3）潜伏转向期：挽回忠诚客户。

当客户的消费出现不稳定的特征时，企业要及时洞察，认真分析客户出现转向的原因，及时做出调整以挽回客户。要做到不断更新换代产品，并及时向客户推销，因为客户长时间消费一种产品难免会感到厌倦，不断更新自己的产品才能使客户产生新鲜感，不至于产生消费疲惫感。

（二）财务管理：成本控制

财务管理指的是在一定的整体目标下，关于资产的购置（投资）、资本的融通（筹资）和经营中现金流量（营运资金）以及利润分配的管理。用通俗的话来解释就是如何通过平衡收支来使利润最大化。

1. 融资

财务管理主要就两个方向：一是收入，二是支出。对于创业期间的企业来说，最先要考虑的就是融资了。而创业企业融资往往面临着许多困难。首先，我们要想获得融资最便捷的方式就是做资产抵押，但是，创业企业最缺少的恰恰就是可抵押的固定资产。资产是什么？资产就是我们的厂房、设备，甚至说我们的产品。没有这些资产，我们很难从外部获得贷款。其次，创业企业往往是没有可参考的经营记录的，无法证实其想法是可以成功的，这样银行和投资者照样是很难批贷款的。最后，要强调的是，创业公司融资范畴较小。这一点可能让人困惑，一般人会认为融资规模小应该更好获得贷款才对，其实不然，因为对投资公司来说，它要发放一笔贷款，不管对方是大公司还是小公司，不管对方融资额度多少，他们的流程都是一样的，都需要做信用评级、资产评估等工作，所以他们花费的成本是差不多的，但如果把这个成本平均到贷款的每一分钱上，平均成本就会很高。有人曾经做过测算，一些小企业获得贷款的成本是大企业获得贷款的成本的五倍以上，所以作为创业企业，是很难获得贷款的。

但是，有以上这些困难并不意味着创业企业就融不到资了。作为创业企业，还是有着一定优势的。首先就是创新创业类企业本身就是一个优势，因为创新企业的点已经是创业者在千千万万个创意中识别出来的，所以往往具有很强的识别性。其次，创业融资困难主要是因为未来的不确定性，但也恰恰因为其具有巨大的不确定性，所以也可能具有巨大的机遇和收益。就像中国那句老话说的："富贵险中求。"最后，创业企业具有很大的潜在成长优势。与成熟期的企业相比，创业企业的成长速度要远远超过它们，这意味着获利的能力越强，获得的回报也就会越丰厚。正是因为这些原因才会有人愿意投钱给创业企业。所以说，我们作为大学生创业者，一定要有恒心、有毅力，勇于面对挑战，敢于接受挑战。

企业筹资通常有三种情况：一种是私人筹资，主要有创业者自身存款、亲戚朋友资助两个途径；另一种是向相关机构融资，比方说，向银行贷款（可作抵押、担保、信用）、向创业融资中心申请贷款等；还有一种是政府背景的融资，现在我们国家正处于一个大众创业的时期，所以国家对于创业企业有相当多的政策扶持，如政府专项基金、财政补贴、税收优惠、援助贷款等。

2. 财务管理的原则

财务管理的原则大致有两项：一是价值最大化原则。价值最大化即利润最大化，要努力控制投入的资金所换来的原材料和这些材料产出的产品浪费量是最小的，这样卖出的产品所获得的利润就是最大的。但是，在实际操作中，切不可一味地追求利润最大化，要从长远考虑，例如做出逃避债务、抽空资金、污染环境等行为。应当合理分配资金，绝不能拆东墙补西墙，挪用资金，造成企业后期资金运转困难。应当加强财产管理，将公司内部的财产和物资管理控制制度做得更加清晰化、具体化，在企业采购、制作样品、管理销售时，要竭力完善保障体制和监督体制，及时查缺补漏，以免出现不必要的问题。还有最重要的一点是，一定要有时间观念、有目标、有计划地行事，记下所有资金支出和收入的时间。应收账款什么时候可以收回，货品、原材料什么时候可以购进等，都要做到心中有数。对待应收账款要格外注意，定期向客户授信评估审核，在规定时间内核实资金明细，从严管理。在证据确认的情况下，负责的会计要对手头的各种账目进行审查核对。此外，还要能做到资金的合理分配。二是风险与收益均衡原则，市场经济无处不伴随着风险，同样地，在企业经营过程中，每个部分都存在着风险。收益与风险往往并存，而且是呈正比关系的，利益愈丰厚，随之而来的风险就越大。企业只有敢于冒险才有机会获得更高的利润。但需要注意的是，高风险带来的也不全是高收益。因为其风险和不确定性都很高，随之而来如果出现亏损，那么亏损额度也会大幅提高，如果亏损过大的话，会给公司带来意想不到的窘境。所以，企业应努力实现“价值最大化”目标，敢于冒险，理性冒险，做好万全之策，不要盲目下“赌注”。

3. 利润分配机制

利润分配指的是将企业获得的净利润，按照国家财务制度规定的分配顺序和分配形式，把利润分配给公司、分配给投资人的过程。利润分配是个很严肃的问题，这就像是一群人在做蛋糕，蛋糕做好之后要怎么分的问题，这蛋糕一定要分得让每个人都满意才行。这就要求公司必须在“分蛋糕”时更加严谨完善，要有精准的计算和审核制度来规范协调，毕竟“分蛋糕”的过程和结果关乎每一个人的切身利益，更深层面，还关系到所有者合法权益是不是能得到法律保护，以及企业是否能长期、稳定发展等重要的问题。

在一个公司的利润分配中，担任主要角色的是企业本身和该企业的投资人，分配的对象是公司的净利润。在实行公司利润分配时，要时刻牢记以下四个方面：

首先，关键是依法分配，毕竟分配的是公司纳税以后所得的净利润，这都是公司自身的合法收入，企业有权利依照国家的相关法律、法规来进行自主分配。国家对于企业利润分配的基本原则、一般顺序和分配的比例都做出了相对明确的规定，这是为了保障企业利润分配能够顺利进行，维护企业和债权人、所有者以及企业员工的合法权益。

其次，能够统筹兼顾诸多利益与长期利益、短期利益，因为制约机制的关键在于利益机制，而影响利益机制的是利润分配，只有有效实行利润分配，才能完善利益机制。由于利润分配涉及的方面非常广，包括投资者、经营者、职工等多方面的利益，所以企业必须要兼顾各方，并尽可能地保持利润分配的稳定，这样才不至于造成不必要的摩擦。当然，因为要完善和提升资本结构，在依法必须留用的基础之上，公司还要有长远的目标打算，恰当地处理好留用的利润。在面对消费和积累时，要注意，积累永远摆在第一位，只有按照投资人的比例恰当地从盈余利润中提取以后再去分配，才能让利润分配达到最完美的状态，从而促进公司更好地发展，而不是阻碍企业前进的脚步。

第三是资本保全原则，这是现代公司的分配制度中基础性的原则，要求公司不能在分配的时候趁机侵占资本。因为利润分配的对象是对经营中资本增值部分进行分配，不是对资本金的分配。按照这一原则，一般来说，如果企业仍在亏损状态，首先应该弥补亏损的资金，再对余下的利润进行其他分配。这点对于创业企业来说非常重要，分配利润的时候一定要注意分配的对象。

第四是坚持充分保护债权人利益原则，按照风险承担的顺序和合同约定，债权人的利益必须得到优先保护，这就意味着企业必须先偿还清所有债权人到期的债务才能进行利润分配，否则不能进行利润分配。另外，为了避免产生财务危机危及企业生存，在分配完利润之后，企业还应保持一定的偿债能力。若是企业与债权人签订了某些长期债务合约，其利润分配政策应该首先征得债权人的同意才能执行。

4. 成本控制

在生产经营过程中，要进行合理的成本控制。在这个过程中创业者会有很多新发现，比如对于公司潜力的开发等，以寻找降低成本的办法。要想提升企业经营管理模式，不仅要做到科学、正确、规范地进行成本控制，还要多方位地提高公司的综合素质，让公司在迅速发展的市场漩涡中不致迷失方向，反而能一步一步脚踏实地走得更稳更好。成本控制的目标对象是成本发生的整个过程，其涵盖了以下几个方面：设计、采购、生产和服务保障、销售等。控制成本的关键在于：

一是全面成本控制。不难看出，全面成本控制是一种全方位的控制，它控制的对象是企业成本形成中的全过程、生产经营所有过程中发生的全部成本以及企业内所有员工参与的成本部分。

二是定额控制法。定额控制法是以事先制定各项消耗的限度，作为一种标准，在生产费用发生时，就及时用实际发生的费用与标准做比较，在遇到有差额出现时，管理人要冷静处理，首先要控制住生产时产生的费用发生额，在这个基础上，还要依据定额和差异额的数据算出项目实际成本。这种方法较为死板，但在实际操作中却很实用。

三是标准化工作。建立标准化的工作流程不仅仅有利于成本控制，它对企业的整体发展都是有益的。建立标准化工作有三个方面很关键。首先是质量标准化。质量是产品的灵魂，是企业长远发展的关键中的关键，成本再低没有质量保驾护航也是白费，没有质量标准，成本控制就会失去方向，更谈不上成本控制。这点一定要牢记。其次是数据标准化。在进行成本数据收集时，核实成本数据报送人和入账人的职责是极为重要的。规范成本核算方式，明确成本的计算方法；采用国家公文格式，统一表头来规范成本的书面文件，形成统一的成本计算图表格式，做到准确无误地核算成本，账面简洁明了。最后是计量标准化。什么是计量呢？计量就是按照科学严谨的办法来计算产出、经营中的数值，为成本控制和产出经营打下根基，提供精准的数据。如果没有统一计量标准，基础数据不准确，那就无法获取准确的成本信息，也就无法建立统一的数据网络。基础性工作做不好，后面的成本控制也就无从谈起。

四是及时更新制度及管理观念。如果企业只知道节约成本去获取更多利润，这样的企业内部结构一定单一，生产方式一定落后，没有创新。一些发达国家的企业成本管理，不管是成本企划也好，还是作业成本法，它们的共同点就是皆为成体系的、宽领域的成本经营管理办法，都是经过专业筛选的。如果成本管理人员在观念上还是使用陈旧的那一套的话，企业的成本管理是不会成功的。成功企业的员工素质、技术素质，往往都是很超前的，这样规模才会完整。关键是，在进行成本企划时，要保证所有人员的参与度，从一开始做数据调查的员工，到后来的第一线生产工人，必须全部参与其中，都要能清楚明白地知道企业的生产流程、技术特点，并有责任主动参与、配合成本管理，而不仅仅是成本核算人员的事。这就对企业员工的素质和团队协作精神提出了很高的要求。但在学习借鉴的过程中要结合实际，切忌生搬硬套，特别是不同国家的成本管理模式差别一般会很大，这是因为其各自的传统文化背景和企业内部组织方式存在着很大的差别。

（三）人力资源管理

人力资源管理是指企业运用现代管理方法，对选什么样的人、如何留住人和怎么用人等方面所进行的组织、计划、指挥、控制和协调等一系列活动，最终达到实现企业发展目标的一种管理行为。许多刚开始创业的小微企业并不重视人力资源管理，这在企业的起步阶段是没有问题的，但是随着企业的发展，人力资源管理一定要规范起来。以新东方为例，一开始只是俞敏洪辞去北京大学教师之职开始单打独斗，当时他一个人招生、授课两把抓，白天去贴小广告，晚上给学生上课。渐渐地学生数量越来越多，规模越来越大，他的妻子也辞去工作加入进来，这时候俞敏洪只管授课，他的妻子专门负责招生和行政工作。慢慢地，新东方初具规模后，他的一些有工作能力的亲戚开始加入进来，到这个阶段为止，新东方可以说都谈不上人力资源管理。随后，他去美国请回了他的同学，任务开始有所分工，并形成了一种“联产责任承包制”的局面。他把新东方的不同经营方向承包给了不同的同学，这才开始有了一种薪酬福利管理制度。再到后来新东方实行股份制，这次的改变可谓是大“洗牌”，当初地位平等的创业伙伴们现在要分出上下级，经过很长时间的商讨和实践，最终形成了较为完善的人力资源管理体系，也正是这次在人力资源方面抽筋换骨的大改变，才让新东方最后在美国通过上市变得较为顺利。新东方的例子告诉我们，在企业初创阶段可以没有完备的人力资源管理体系，但随着企业的发展，一定要逐步地将其建立起来，这样才能长远发展下去。

人力资源管理的主要模块分为以下四个部分：

第一是员工的招聘。如果企业想要走得长远，在人员配备方面要避免启用家庭成员，形成传统的家族式管理模式。家庭管理模式中，可以说是以家族人员为企业的核心力量，权利掌握在这些人的手中，尽管一些企业有规章制度，但是在某些企业制度的执行过程中会借由“人际关系”和血缘关系而因人而异，使得企业中原来严格的规章制度有名无实。企业的发展由个人决策是会有风险的，同时也会严重影响其他员工的工作积极性。企业竞争的根本是人才的竞争。家族式企业由于其内部盘根错节的血缘亲情关系，很难做到任人唯贤，这对于市场竞争非常不利。传统的家族企业缺乏健全的制度和统一的硬性规则，这样会使企业的决策机制和用人机制变得僵化，长期置之不理会导致家族企业人才严重流失，企业存活时间大大缩短。因此，要正确地认识人员所具备的优点，把合适的人才放在合适的位置，以便最大限度地发挥各自的光和热。

第二是薪资福利。每一个企业都在争夺优秀的人才资源，如何吸引和留住这些优秀的人才，往往靠工资和福利来表现。薪资和福利补偿主要有两种形式：货币补偿和非货币性补偿。非货币性补偿主要体现在工作、社会、其他三个方面：在工作上，能从工作中获得成就感，体现自我价值；在社会上，实现社会地位、个人成长的个人目标；在其他方面，包括和工作伙伴的往来是否融洽等，是否有舒适的工作环境，是否有弹性的工作时间或地点等。在持续的经济发展大形势下，大量的非货币补偿已成为求职者关注的焦点，越来越多的人被认为是高端非货币补偿的人才。

第三是人才的培养和发展。知识经济时代，培训与发展是人力资源管理的重要职能和手段。知识经济时代的主要特征是信息和知识的不断生产和传播，因此，定期培训不仅是提高员工个人素质的直接途径，而且是保持良好稳定发展的前提。但单纯的“知识”培训是不够的，在知识经济的挑战和日益激烈的市场竞争中，关键还应挖掘员工的潜力。

第四是绩效管理。绩效管理的过程可以看作是一种循环周期。这个周期有四个环节：绩效计划、绩效指导、绩效考核和绩效反馈。绩效计划是绩效管理的基础。如果没有制定绩效计划，绩效管理是不合理的。绩效指导是绩效管理的重要组成部分。而绩效管理是绩效应用成功的关键，如果缺少员工的激励和约束机制，员工的工作热情不够，就会导致绩效管理的失败。绩效考核和绩效反馈是绩效管理的关键环节，这部分工作将对负面绩效管理产生积极和修正影响。卓越有效的绩效管理是使组织和个人共同成长，实现“双赢”的结果。要体现绩效管理“以人为本”的理念，就需要企业管理者和员工参与绩效管理的各个方面。

二、成果宣传——以“蜂窝媒”APP项目开发为例

（一）抓住项目点进行特色宣传

“蜂窝媒”的主要受众是平面设计师和寻求设计者，这个项目就是把二者联系起来的一款媒介型商务项目，主要针对青年设计师和苦于寻求设计的人群，运营方式与58同城、淘宝相似。现如今，Concern-Design（关注设计）的时代过渡到了User-Concern-Design（用户关注设计）时代。“蜂窝媒”APP开发的目的是可以高效地帮助用户寻找到自己真正想要的设计方案，帮

助设计师在“蜂窝媒”上找到适合自己的项目，帮助寻求设计者在上面找到自己想要的设计师。“蜂窝媒”APP的任务是在两方之间找到平衡，为用户与设计师双方的项目找到结合点，给“买家”和“卖家”双方找到一个合适的定位。

传统的设计商已经不再适应当今社会的要求，现在的受众需要更加智能、更加人性化的设计和服务。如何根据当今互联网时代的特点去做设计以满足现代社会人们的各种需求成为重中之重。但是互联网带来的不只是机遇，还有挑战。互联网时代打破了很多工业时代的标准模式，对商业提出了更高的要求，一旦落后于时代发展的潮流，就注定会在短时间内被市场淘汰。如果把握住机会，那么发展的速度也是异常惊人的。[①] “蜂窝媒”作为后起之秀，基于互联网的特征从受众心理角度来思考。

1. “蜂窝媒”移动设计类社区

“蜂窝媒”将目光从“顾客（付费者）就是上帝”转换到“用户（使用者）就是上帝”，在做好基本功能的基础上，坚持用户体验至上原则，关注用户的参与感。在整个使用过程中，它让人们表达自己的独特感受成为可能。用户积极参与评论，在评论区形成良好的社区氛围，满足人们情感需求的同时又推动人们更加积极地参与评论。经过这样的互动，用户更容易找到志同道合的设计伙伴，这对提升用户体验是非常有价值的。

社会被分成一个个有着不同喜好和生活方式的群体，那些小的、新的、热情的群体，正在社会发展中起着重要的作用，用户可以在海量的信息中主动搜索自己需要的产品信息，这使传统的营销手段作用减小，小团体的影响力逐渐增加。设计社区加速了小团体形成的速度，而一个人往往分属于不同的小团体，通过一

① [美] 阿历克斯·伍·怀特. 平面设计原理 [M]. 上海：上海人民美术出版社，2006.

个小团体内部人员与其存在的另外一个小团体内的人员进行软件使用体验分享，使一个人的设计变成了一群人的设计。这样就有了受众人群的区分，各得其所。用户可以给好友分享自己制作的插画、喜欢的画师以及设计体验，这既对产品进行了有效的宣传，也通过用户之间的情感纽带，提高用户黏性，增强用户对软件的忠诚度。作为一个新兴的软件，“蜂窝媒”将自己定位为以用户为中心的移动设计社区，以“设计社区”为切入点进入市场。“蜂窝媒”更注重社交功能。用户可以通过绑定手机通讯录、微博、人人网等发现已有用户，关注对方后，可以看到对方的设计行为，构建设计社交圈，让设计有了更多可触碰、可交互的体验方式。作为一个移动的设计社区，“蜂窝媒”地理位置的“附近设计公司”又为其社交属性增加了一个闪光点。用户可以查看身边在使用“蜂窝媒”的人和他的动态并且关注他人，从而构建设计社交圈，分享各自的设计，实现有效沟通。

2. 助力大数据

现在是设计精准推送大数据时代，项目决策依靠直觉，更少以用户个人行为数据准确分析企业，最终提供的产品符合用户信息需求，让用户获得新体验。基于现有数据的“预测”是大数据的核心。[①] 意大利经济学家提出的“二八定律”表明，一套东西中最重要的是一小部分，大约 20％，剩下的 80％虽然是大多数，但都是次要的。这项规律已在过去的每个领域得到证实。然而，在互联网时代，2004 年，克里斯·安德森第一次提出“长尾理论”，简言之，若将消费者各自的小需求快速聚合，就能成为巨大的需求，从而带来可观的利润。在“二八定律”中，80％的不被欣赏的是“长尾”。现在，80％的部分也占据了主要位置。作

① ［美］道格拉斯 W. 哈伯德. 数据化决策［M］. 北京：世界图书出版公司，2013.

为一种设计，推荐设计是必不可少的基本功能。世界上没有两片完全相同的树叶，利用大数据分析设计精准推送是互联网时代设计与发展的又一理念。①

“蜂窝媒”中的“蜂巢”不仅仅是一个设计，而是一个具有自身过滤功能的设计库。私人设计库采用独特的算法，根据用户的喜好推荐不同的设计师与设计方案。它通过对每个用户平时收集、屏蔽、下载数据的计算和分析，发现隐藏的用户设计的偏好。然后将更精确的信息推送给相关用户，以提高用户的使用频度和用户的黏度。对于“知道自己想找到什么却在分类中找不到”这个问题，“蜂窝媒”会给出相应的解决办法。“蜂窝媒”有一个账号，可以让用户通过私信设计师来获取设计方案。将自己想找的设计方案私信给“蜂窝媒”小蜜，就可以收到回复。“蜂窝媒”的私信求设计功能体现了对“长尾”的重视，满足不同用户的小需求。星星之火，可以燎原。这样，小需求积累起来就有可能会变成大需求。

3. 简约设计

用户的心理需求是，在信息密林中踟蹰前行的都市中越来越喜欢简约路线，这也许是人的一种惰性所决定的，复杂意味着需要更多的思考才能提炼出主要的信息。“蜂窝媒”APP的制作也应该把握住“简约”这个核心原则，尽量避免用户在使用过程中产生烦冗的感觉。“蜂窝媒”界面使用蜂黄色，配以简约大方的界面设计，再加上交互动画效果，看起来高端大气，简约舒适。另外将菜单栏设在左侧，用户可以轻易切换设计产品，强化了搜索浏览功能，便于以设计群体为主要维度去发现与管理设计产品。这样的界面设计让用户使用起来更方便。对于用户界面的设

① ［澳］埃文斯塔布斯. 赢在数据分析［M］. 北京：人民邮电出版社，2014.

计，“蜂窝媒”在背后下了很大的功夫。“蜂窝媒”的设计团队并没有因为某个客户端用户使用人数少而降低对其的设计要求。十大客户端几乎满足了所有人用不同的设备使用“蜂窝媒”，而且不会因为更换设备出现使用不方便的情况。不同客户端的“蜂窝媒”有共性，也有自己的个性，让人一看就是“蜂窝媒”的产品，拥有“蜂窝媒”独特的风格，但是在真正使用的过程中又可以发现其中的不同之处。不同的设备拥有不同的操作系统，“蜂窝媒”尽量做到让产品适合不同的手机操作系统，而不是让手机操作系统去适应产品。“蜂窝媒”尽最大努力考虑每一位用户的使用情况，让每一位用户都能在手机上非常方便地使用它，简约却不简单。

4. UGC 模式

参考用户产生的内容，UGC（User-generated Content，用户生产内容）这个概念起源于互联网领域，伴随着个性化 Web2.0 概念的兴起，下载方向既有下载和上传，也有网络用户的交互反映，用户浏览网页内容，网络也是内容的创建者。也就是说，用户将通过互联网平台展示他们的原创内容，或者提供给其他用户。分散的观众和观众的权利得到扩大，他们甚至可以参与制作内容。我们还应该给用户自己发挥的空间，让用户可以参与设计和生产，让用户拥有原创的个性化设计体验。“蜂窝媒”支持用户对原创作品的收集和评论，UGC 模式满足每个用户设计风格的需要。根据意境、场景、语言、时间等不同维度，对设计作品的形式进行分类，然后跨越不同的维度，形成更丰富的收藏。用户可以自己设计收藏封面、标签和配置文件，还可以随时删除和修改自己的收藏。“蜂窝媒”使用相当自由的 UGC 模式为用户带来新的体验方式。

“蜂窝媒”将给用户带来比预期更加出色的用户体验。此外，利用互联网传播，“蜂窝媒”的美誉度与知名度将会显著提高。

手机媒体创造了一种新的设计形式，但同质化和版权纠纷问题一直困扰着“蜂窝媒”的发展。因此，以后将加强品牌的宣传和使用，关注版权问题，扩大和提高用户的黏度，提高用户评价质量。

（二）线下和互联网宣传

无论是离线宣传还是网络宣传，我们首先要做的就是定位。没有目标会偏离轨道，只有通过识别我们的目标群体，才能知道谁是我们的服务对象。根据自己的需要提供相应的服务或产品，以便找到自己的位置。关于定位，我们可以分析当前的市场情况，并为企业在初级阶段、中级阶段、高级阶段或发展阶段等制定不同的营销策略，然后尝试着去做。线下有多种宣传手段，应根据具体情况采取不同的宣传方式。

1. 线下宣传途径

（1）重视线下推广，就是在最初要根据自己产品的定位选择一个相对合适的位置。人们通常选择在购物中心或步行街附近进行推广活动。根据产品的特点，我们可以通过展会推广产品或建立一个自由体验店，让更多的人能够参与进来，或者通过参与者口碑的传播给企业的产品项目做一些“活广告”，进而扩大品牌影响力。

（2）赞助各种演唱会、晚会或者各类球赛等大型活动，都是很好的线下赞助推广方式。但是这需要大量的资金作为支持，资金量少的初创企业要慎重使用。如果受众群体是年轻的大学生，我们可以考虑与学生会或协会合作，组织校内的晚会活动，不会产生浪费。活动举办过程中可以请别的媒体进行第三方的报道，如各种直播平台或者营销公众号等，扩大影响力。

（3）在社区推广，这种方法应该根据产品的价格和等级来实施。例如，保健产品的推销路线更适合老城区这个范围，新产品可以选择新社区，高科技产品可以选择高档社区进行推广。而且做推广活动的也是需要花心思的地方，一般情况下商家选择做活动的位置都是社区门口这种人流量较大的位置，电梯口也是一个不错的选择，因为在等电梯的那几分钟，人们都会有点无聊，这是一个很好的推广产品的机会。

（4）电话促销，但它要求锁定一个非常精确的客户群体，避免大海捞针，才能事半功倍。但是，获取客户电话的方式一定要合乎法律规范，可以是各种商场体验活动时留下的联系方式，也可以是社区活动时登记的电话，还可以是客户消费之后留下的联系方式。

（5）纸媒的推广，如地方报纸以及杂志等。虽然现在互联网越来越普及，大量的年轻人已经对纸媒不感兴趣了，但它还是有一定的受众基础。我们根据平均人口年龄的调研来看，中年人和老年人更容易接触到纸媒而且习惯性地使用它们，所以我们要根据“蜂窝媒”这个产品的特性来决定纸媒是否适合做推广，并且不放过任何一种有效的宣传方式。

（6）户外广告和车身广告，这种方式虽然很普遍，但效果确实是很不错的。

2. 互联网宣传途径

与线下宣传相比，互联网在线营销具有很大的优势，如网络宣传传播范围更广，不局限于时间和最有活力的消费群体；同时，网络宣传和生产成本低，还可以灵活变化；网络宣传更多的目标受众关注的是较短的内容信息，节省了大量时间的过程；网络宣传的渠道也更广。

关于“蜂窝媒”使用的数据库推广模式，我们常用的互联网推广方法主要有邮件发送、MI 系统升级、微短信发送等。数据库推广属于广撒网类型，往往不能精确定位，总的来讲，它对销售的贡献不多，并且转换率相对较低，但对于挖掘潜在客户和提升品牌知名度还是相对有效的。

社会化媒体的营销或者互联网的发展以及人与人之间的互动变得越来越重要。以人为本、以用户为导向已成为当下产品开发的重要趋势。现在运用在线媒体的人越来越多了，所以做社交推广是电子商务网站的重要方式，已经成为用户的一大转移方向。此外，分析是由用户执行的。直接输入已成为交流信息的一个主要来源，是微信的传播、微博客的流量来源的公共部分。社会化媒体营销的范围宽，包括微信、微博、SNS、RSS、博客、论坛等。如新浪、微博主要是针对14～45岁人群，这部分人群是网购的主力军。推广可以产生裂变营销、口碑传播，只要有足够的耐心，创意新奇，能牢牢吸引客户，就能创造机会。社交媒体营销的一个很好的例子就是类似于收集之类的行为，它适合于新兴的服装品牌。

说起网络广告，根据调研来看，如今广告的成本呈现逐渐增长的趋势。互联网的火爆带动了网络广告，它基本代替了大部分的普通广告。

手机客户端APP。4G时代，全网时代，我们大部分的空余时间全都交给了手机，“手机控”越来越多，微信公众号、朋友圈、微博、电子书、知乎、淘宝等，手机客户端广告的点击率更是成倍增加。现在来讲，技术开发主要还是靠思路，技术占主导。

用搜索引擎去推广。现在的网络技术越来越发达，所以信息的传递也变得越来越开放和自由，这就使得垃圾信息如满天飞雪般充斥整个网络。怎样最快最准确地找到自己需要的网站，必须通过搜索引擎才能实现，这是搜索引擎使用频率越来越高的原因之一。从数据分析来看，搜索引擎最起码能达到10%～30%的流量，而且因为其定向较为精准，搜索引擎的流量的转化率也是很高的。搜索引擎的普及可分为两种，一种是SEM（Search

Engine Marketing，搜索引警营销），另一个是 SEO（Search Engine Optimization，搜索引擎优化）。有很多刚刚成立的风险企业无关键词排名，在这种情况下，很难被搜索到，相比 SEO，它的见效慢，周期时间少，更加持久。

资源合作。资源合作的方式有很多，比如说垂直论坛合作的形式，或是试用产品网站的合作等。其实有很多种方式可以合作，创业者们可以根据需要灵活使用，建议根据自己产品的定位有目标地进行，并培养几个合适的网站进行长期合作。

分类信息网站。分类信息网站发帖排名也可以设置置顶，现在开发网站还是比较明智的。其效果在不一样的行业中是不同的，但无论哪一种推广营销方法，都需要企业全部成员的配合与合作，包括前期的策划、网页的设计、对市场的监控以及物流、数据分析等工作。要培养好企业员工的沟通能力与全局思路，这样有利于更好地完成互联网的线上推广活动。

关于网络上推广的图片文件，图片中的网络营销已经渗透到人们日常生活的所有方面，比如我们通常使用的 QQ 聊天软件，经常会收到各种有创意的朋友发送的图片，或看到各种论坛帖子的图像线索和网站的广告图片，这些图片多少也有一些广告信息，或者简单的广告，比如图片右下角带有网址或者水印等。这其实就是图片营销的一种方式。图片本来就很有冲击力，如果再加上好的创意进行图片营销，效果往往很不错。

（三）用户体验与调查报告

对于一个企业来说，想要长期健康稳定地发展，那么它的产品一定要经得起市场的检验。而用户体验就像是一面镜子，所以获得用户体验和相关的调查报告就显得格外重要。用户体验的概念是唐纳德·诺曼（Donald Norman）首先提出的，他指出成功的用户体验必须做到：第一是在不打扰、不会让用户感到反感的情况下满足顾客的需求；第二是要提供简洁优雅的产品，让顾客用得高兴；第三还要能给用户带来额外的惊喜。用户体验评价是没有确切的标准的，这与它的特点分不开。

用户体验有一个很大的特点，那就是用户体验是一个完整的过程，GOOGLE（谷歌）和YAHOO（雅虎）就是很好的例子。在2004年GOOGLE上市前的一段时间，互联网女王玛丽·米克尔在中国参观了百度，她说，她在摩根士丹利的同事做了各大搜索引擎的比较评价，评价结果是雅虎最好。但令人惊讶的是，在测试结束后，却发现人们在日常生活中经常使用的是谷歌。最初，在评估过程中，他们选择了12个关键词，在六七个搜索引擎（如谷歌、雅虎）中搜索，然后打印出所有搜索结果页面进行比较。雅虎之所以会胜出，是因为雅虎搜索引擎使用的背景是谷歌，然后雅虎做手工优化，对于一些热门关键词，其搜索结果要好于谷歌。

但用户为什么选择雅虎？因为这个看似正常的用户体验评价确实是个大问题，用户体验不仅仅是搜索结果页面的简单比较。参加测评者看到的那些打印页面都是整个搜索过程的结果，但是在电脑上操作时，如果想要看到那些搜索结果页，用户需要完成一系列的操作过程：首先是从输入域开始，然后下载雅虎主页（比谷歌大十倍以上），定位器手动移动鼠标到雅虎的搜索框（谷歌自动定位到搜索框），输入所需要的关键字，回车或点击搜索按钮，经过一系列的操作，用户可以看到最终的搜索结果。在操作过程中，用户需要付出的时间成本是不同的，而且平均带宽也很小。此外，所有参与者都可以看到打印的页面，但真正的用户需要浏览计算机屏幕上的搜索结果页面。如果用户浏览雅虎搜索结果页面的分辨率很低，那么在经过大横幅广告和松散的设计界面后只能看到一两个结果，再看看谷歌的搜索结果页面，反而可以看到很多结果。当用户对第一个搜索结果不满意时（这是很常见的情况），第一屏的结果是明显的用户体验差异。我记得相同的搜索结果页面，雅虎页面比谷歌长得多，这也增加了用户的时间成本。因此，雅虎的搜索结果页面总是优于或等于谷歌，但用户体验不如谷歌。所以说用户体验不是一个片面的静态瞬间，而是一整个体验过程，要综合用户的实际使用过程来评测。

此外，用户体验因人而异，因为用户体验是由用户和产品之间的交互过程产生的，主要包括用户的心理感受、身体触觉和用户体验，体验结果主要是用户的感知和反应，包括情绪和生理反应等，每个用户的生活环境和知识背景不同，他们心中的理想产品肯定是有差异的，需求也肯定会有所不同，对用户体验的感受自然也不会完全一样。所以，用户体验是没有绝对的好和坏之分的。

还有一点，就是用户体验具有环境依赖性，这一点主要体现在环境会影响用户的情绪，人在不同的情绪下对同一件产品的用户体验肯定也会有不同。所以用户体验还具有主观性。但根据普遍的规律来讲，好的用户体验整体都是实用、易用以及自然，即与人的自然本能相关的。

调查报告是指整个调查工作，包括调查前的计划、实施计划的设想、相关数据的收集和数据的整理。它是调查人员劳动和智力的体现。它其实是一种沟通与交流的形式，需要达到的目的是把调查结果、有用的战略性建议以及其他信息传达给管理人员或其他在相关职位上的人员。它关系着企业下一步的走向，所以至关重要。产品投产之前需要做调查报告，研究市场需求；产品投入市场之后也需要做调查报告，了解分析顾客对于产品的反应、用户体验等。调查报告要求我们实事求是，对客观事实进行反思和分析。所以一定要深入调查实际情况，收集最准确的数据，以求准确地反映客观事实，而不是凭主观臆断去创造事物。然后仔细梳理研究材料，在发现客观事实的基础上，仔细分析和揭示事物的本质。

市场调查报告的分析方法：首先，分析行业的发展环境，了解行业的现状和发展的整体趋势。然后，调查微观的市场环境，包括对客户需求的分析；主要相关企业的规模、经营现状、市场占有率、产品种类等；市场重点区域，客户聚集区域；产品的需求状况、销售状况、销售渠道等。最后，通过这些数据及资料去分析影响行业发展的主要因素及影响力大小；预测未来几年该行业的发展趋势；进入行业的正确时间和投资风险；为企业制定市场战略和预测行业风险提供更多的参考。需要注意的是，写调查报告的时候语言文字一定要简洁明了，因为有大量的材料支撑，所以原则上只需要报告客观情况即可。

三、项目总结

（一）一个艺术院校大学生的创业项目总结

【以 2016 年天津美术学院实验艺术学院团队成立的“铅笔动画”网络科技有限公司为例】

“铅笔动画”项目

一、“铅笔动画”项目团队简介

“铅笔动画”团队为企业量身定制品牌动画及视频等新媒体产品。在企业运营初期或中期，根据企业的业务和产品为其设定动画原型、制作动画短片、视频等，为企业宣传、推广进行形象包装和技术支持。“铅笔动画”公司制作的成品可以将商业产品、数据、信息进行图形化和形象化，运用 2D 与 3D 技术相结合、艺术与科技相结合，让企业更好地推荐产品，使用户能更好地体验和接纳产品。“铅笔动画”公司已完成项目有：为趣学车互联网驾校制作全国第一套 MG 驾考培训视频，为滴滴出行制作 Rap 音乐动画。

从整体上看，“铅笔动画”公司将艺术与科技相结合，把自己的专业特长发挥到了极致，为客户设置可定制化服务，制作周期灵活可控。公司运营模式：一是定制项目盈利且以版权的形式获取相关的收益；二是通过产品内嵌广告获益。“铅笔动画”不仅通过专业知识和创业经验获得了成功，更是为网络科技市场锦上添花。

二、项目团队创业轨迹与目标

（1）为趣学车制作全国第一套 MG 驾考培训视频，点击量突破两百万。动画陪伴着互联网驾校：趣学车。从 10 人小团队走到了获得一亿元融资的百人大团队，并且与其达成长期深度合作共识。

（2）为滴滴出行制作 Rap 音乐动画，覆盖城市 30 余座。

（3）与北京无界空间、科技寺取得深入合作，将在北京 10 余个众创空间投放广告，并且与其空间内 10 余个初创企业达成合作。

（4）在校内发展自己的分包工作室 6 个。

（5）建立自己的网站和新媒体平台，2017 年年底上线。

（6）深入合作制作动画视频《侣行》，累计播放量 10 亿。

企业目标：

“铅笔动画”公司力争三年内整合完整的团队，定制出被企业和大众认可的品牌动画，扩充渠道，研发更适合互联网和新媒体的推介产品，在国内宣传动画和广告行业占据一席之地。

三、“铅笔动画”项目团队创业成功的原因分析

（一）学院支持

天津美术学院一直以应用型人才培养为目标，创新创业教育已融入该校的专业课程体系和学分体系之中，并辅之以师资队伍建设、校内外实训基地建设、特色校园文化建设、素质教育工

程、学生技能竞赛活动等，对大学生创业起到了极大的推动作用。①

（二）动画专业优势

根据我们调研数据所示，在天津市受访企业中采用“互联网+”的创业企业占比五成以上，例如数字媒体、动画设计类创业模式对自有资金要求不高，往往是几台电子设备，接上互联网就可以开始运作。电子商务和手机应用为创业的大学生提供相关专业知识和技术支持。同时，天津市创业企业大学生创业孵化平台、计算机、网络、办公桌椅等都可以免费使用，在一定程度上为高校学生创业提供了初步资金，节省了租金、水电费等场地和办公成本。

（三）移动市场规模

随着手机应用软件APP的普及，艺术院校大学生使用智能手机APP已然成为热门。显然，手机APP市场存在着巨大的商机，但要想制作一个APP则不仅仅是资金的问题，还涉及项目宣传以及项目知名度、市场用户反馈等一系列问题。如何抓住APP的使用市场？可以通过市场调研，统计调查，进入ACG（为英文Animation、Comic、Game的缩写，是动画、漫画、游戏的总称）圈和业界人士相互交流，并通过业界知名人士扩大宣传，提高APP的知名度，在业界建立起一个庞大的人脉网络，更好地定位受众群体。

（四）社会支持

天道酬勤，日新月异。创业的成功离不开良好的创业环境。一些企业家对大学生创业非常感兴趣，对高新产品也有兴趣。另外，国家支持大学生创业。一直以来，天津美术学院都向我们传

---

① 曹永正，刘洋．动画专业实践教学模式的探讨——以天津美术学院为例[J]．天津美术学院学报，2013（02）．

达了对大学生创业的极力支持，提高了大学生创业的信心和信念。

除此之外，天津的动漫产业园区还配备了动漫产业的专业导师，天津市的产业园区邀请了很多学术界人士和商业界领军人物与知名人物定期组织我们大学生创新创业方向的集中培训、创业项目分享会、高峰商务会议、实习项目参考、动画界商务交流活动等。有专业的创业导师对大学生创业过程中可能遇到的困难和风险作专业点评与指导，引导大学生创业步入正轨，走向成功。

从理论上讲，我国院校的创业教育起步较晚，大学生整体的职业意识不强，对创业的一般过程、步骤和程序了解不多，商业风险接受的能力弱，缺乏创业失败的心理承受能力。需要引导社会资本支持教育活动，如资助高校创业竞赛，资助大学创业课程，为优秀的自筹项目提供创业资金。另外，大学生应该参加不同类型的创业比赛，因为创业能力和创业经验积累对大学生的成功有着重要的影响。

（五）政府扶持

政府扶持即政府为创业者在早期创业提供资金支持和优惠政策，尽量减少干扰创业的外部因素，使大学生创业者能够在更宽松的环境中创业。一方面，有关政府部门应进一步加强对大学生创业的支持，落实大学生创业支持政策。另一方面，政府部门应该简化大学生创业无息贷款申领手续办理的程序，因为过多的条件与证明程序限制不仅抑制了大学生创业的热情，也增加了创业的成本。

（二）思想政治测验

在大学生创新创业教育中，思想政治教育起着至关重要的作用。现代大学生的品质直接关系到国家的命运，因为大学生是建设祖国的中坚力量，他们的思想状态、专业技能、道德素质、思想修养关系到党和国家命运的发展。因此，引领大学生在不断提高自己的科学文化水平的同时，提高他们的思想政治素养是极其必要的，要做到知行合一，德才并进。

思想政治教育是一个从实践到认识不断反复的过程。在实际应用中，思想政治教育具有非常现实的意义。在大学生创新创业教育中，如何正确且合理地解决大学生创业过程中的问题，正是思想政治教育为实践服务的具体体现。

培养大学生创新创业的意识并非提高其专业技能，而是以提高大学生创新创业教育为主要目的。高校要把思想政治教育工作做全面，拓展学生的思路，加强理论与实践相结合的思考方法，加强大学生的合作意识，关注大学生团队的整体发展。当然，由于不同的个体之间互相存在着差异，因此为了满足个体在不同时期的需求，需要制定有效可行的激励机制。为更好地解决这一问题，要做到“因材施教”，通过教学与实践活动培养大学生的创新创业能力，为大学生步入社会做好准备，使他们毕业后能更加积极地投身创业实践。

开展思想政治教育，要将解决思想问题与解决实际问题相结合，继承中华传统文化，将民族精神和改革创新相结合，积极探索思想政治教育的新途径和方法。

在党中央提出“提高自主创新能力，建设创新型国家”和“促进以创业带动就业”发展战略的背景下，结合大学生的实际需求和发展需要，努力提高思想政治教育的针对性、实效性，增强其吸引力和感染力是极其必要的。在大学生创新创业的同时，有目的地培养大学生的社会责任感和创新意识。

当然，当今社会大学生的思想政治教育仍然存在许多不足之处。

我国当代大学生思想政治教育大多以课堂讲授为主，因此教育效果不太理想。要做好思想政治教育，就要避免说教式、灌输式的授课方式，因为这样的授课形式将使学生处于被动角色，难以与教育者产生互动，甚至可能产生抵触排斥的心理，适得其反。

此外，随着互联网等新媒体的发展，网络上海量的消息将对大学生的学习、生活、思维方式产生一定的冲击和影响。而且大学生对信息的吸收程度各不同，这些都直接导致大学生思想价值观呈现多样化、多变化、独立化的特征。当然，价值取向多样化将导致主流价值观的弱化。这些问题若出现在创新创业当中，将导致大学生产生诸如诚信意识淡薄、团队责任缺乏、艰苦奋斗精神不足、政治信仰迷茫、理想信念模糊等问题。

推进大学生思想政治教育的稳步发展，实施创新创业行动，是社会经济发展的迫切要求，是高等教育改革的内在需要。2010年教育部在《关于大力推进高等学校创新创业教育和大学生自主创业工作的意见》中提出“创新创业教育要以提升学生的社会责任感、创新精神、创业意识和创业能力为核心”，“要面向全体学生，融入人才培养全过程”。关于创新创业的思想政治教育符合思想政治教育对学生全面发展的目标。2004 年中共中央国务院在《关于进一步加强和改进大学生思想政治教育的意见》中提出“大学生思想政治教育，就要以理想信念教育为核心，以爱国主义教育为重点，以思想道德建设为基础，以大学生全面发展为目标”。这就表明做好创新创业工作中的思想政治教育，要培养创业者的高尚品质和高度的社会责任感、创新精神和创业能力，要培养勤劳、热情、积极、向上、诚信的复合型人才。

创新创业符合党的实事求是思想——做任何事不可循规蹈矩只从原理或者自身意愿出发，而应该从实际出发。“就业，还是创业”几乎是每个面临毕业的大学生遇到的首要难题，是现代大学生群体面临的最现实的、最普遍的问题。首先，创新创业行动的培养需要很强的社会责任感和品德教育，需要提高就业创业的能力和水平，注重将国家利益与个人利益的结合和联系，通过为社会做出贡献来实现自身的价值，增强个人的社会归属感。在创新创业的背景和前提下培育“五有”（有社会责任、有创新精神、有专门知识、有实践能力、有健康身心）人才，将创新创业融入思想政治教育的新思考，发挥教育的主动性和前瞻性。

许多高校依托创业培训基地平台，开通创新创业的奖励机制，育人环境由内外协调作用，并呈现出可观的效果。高校应该建立校内大学生创业网络信息服务平台，为学生提供创业信息资讯；在校外，做好企业合作并建立就业创业见习基地，以此来支持学生创业理想的具体化和实体化，在条件允许的情况下聘请企业界高水平技术人员与专业人士从不同方面向大学生传授创新创业相关的知识，甚至与校企合作，建立联合培养机制。

（三）创业常态化机制的建立

当今社会，国内各高校越来越重视创新创业的发展，积极鼓励大学生投身于社会实践活动。2015 年两会期间，政府意识到创新创业的重要性，注意到其对于中国经济发展的重要意义，于是将“大众创业、万众创新”写入政府工作报告，并且将这个方针提升到中国经济转型和保增长的“双引擎”之一的新高度。通过观察，我们发现“创业”和“创新”是被同时提出的，可见这两点都具有独一无二的特殊内涵。当然，两者之间也存在着重要关系——“协同发展”。我国服务业增加值在 2013 年超过了工业增加值，这表明创新创业在服务业中将更加具有活力。目前，设计制造领域出现了以用户创新、共同创新为理念的创新生活实验室、制造实验室及众筹、众包、众智等创新模式，激发了全球性的创客运动。线上虚拟社区与线下实体社区融合发展，形成了各具特色的“创客空间”，成为新的创业孵化器。

当前，我国经济已经进入了新常态，而新常态背后有经济结构优化、增长动力切换、制度环境改变等因素。

自北京中关村兴起“创客风潮”以来，“创业热”迅速席卷全国，向北京、深圳、上海、天津、广州等地逐步扩散。奔涌的“创客风潮”不仅激发了无数人的激情梦想，也预示着我们将迎来一个“大众创业、万众创新”的崭新时代。

新常态下的创业，是从改革开放 30 多年来中国的创业开始的。20 世纪 80 年代到 90 年代中期，中国迎来乡镇经济和私营经济迅速发展的大热潮，那时候的很多人抓住机会，丢掉铁饭碗下海，以至于后来弃政从商是件非常普遍的事情。

（四）“大众创业、万众创新”存在的问题

我国“大众创业、万众创新”面临的主要问题和困难有：

1. 大学生创业意识淡薄

受到传统观念的影响，当前我国适龄劳动人群，其中包括刚毕业的大学生，整体创业意愿不高，大多数城镇居民更愿意通过上班来领取一份不高的固定工资，他们这样做是因为创业风险较大。并且近些年来本应成为创业主力的刚毕业的大学生，在受到社会和家庭的双重压力下选择了放弃创业，直接就业。可喜的是近些年来大学生创业意愿较前几年有较大提高，但整体比例仍然不高。

2. 创业者初期举步维艰

首先，创业者缺乏创业指导。大学生是“大众创业”创业者中的主体部分，他们刚踏出校园迈向社会，所以对行业前景和项目风险缺乏明确的认识，对法规制度、税收制度等法律制度也并不了解。对大多数人来说，创业如果仅凭自己的一腔热血难免会受挫。其次，创业时遭遇融资困难。由于多数创业项目风险较大，刚刚起步的小型创业团队又缺乏正确的融资渠道，资金困难是创业者在创业过程中遇到的主要问题，可以说缺乏创业资金是制约创业活动的主要障碍。

3. 创业项目中核心专利技术占比较低

创业产品仍是以“低附加值、高能耗”的制造业为主，装备制造业虽然规模庞大，但真正体现核心竞争力的高精尖技术同发达国家相比仍有一定的差距。艺术项目对技术的把控也有较高的标准和要求。

4. 先进技术的消化能力和二次创新能力较低

我国十分重视先进技术的引进与二次创新，从早期的“以市场换技术”到后来的“自主研发”体现了我国创新由模仿到创造的质变。但同发达国家相比，差距依然明显。

5. 创业研究发展投入不足

我国尚未形成“高校—企业—市场”三者交互的研发创新平台，在专利技术的商业转化平台方面也不全面。企业研发投入不足，大中型企业新产品销售收入占比不大，研发投入占销售收入的比例偏低；大型科研设备、研究数据匮乏、利用不足，并且存在重复购置、分散落后等问题。①

（五）大学生创业应重视“互联网＋”技术

在充分发挥社会实践育人的同时，积极面对日益多元化的社会，受到“互联网＋”高速发展的影响，高校大学生创新创业实践的方式、手段、途径都遇到了前所未有的机遇和挑战。创新创业团队应坚持理论结合实践、设计结合自主、体验结合调查的工作思路，将高校的社会实践与互联网技术结合起来。

“互联网＋”（通俗来说是“互联网＋各个传统行业”）是创新 2.0 下的互联网发展的新业态，是知识社会创新 2.0 推动下的互联网形态演进及其催生的经济社会发展新形态，推动经济形态

① 鲁琦. 新常态下加快推进“大众创业、万众创新”的对策研究 [J]. 时代金融，2017 (7).

不断地发生改变。2015 年 7 月 4 日，国务院印发《国务院关于积极推进“互联网+”行动的指导意见》。2016 年 5 月 31 日，教育部、国家语言文字工作委员会在北京发布《中国语言生活状况报告（2016）》，“互联网+”入选十大新词和十大流行语。举个例子，“互联网+批发零售”就是淘宝、天猫、京东，“互联网+移动通信”就是微信、QQ，“互联网+美食”就是美团、饿了么，“互联网+汽车”就是滴滴打车、UBER，“互联网+电视”就等同于爱奇艺、腾讯视频等。可以说，“互联网+”所涵盖的种类、内容包含了我们生活的方方面面。“互联网+”成为一种通用技术，互联网只是一个工具但又远远不仅是一个工具。当互联网带来极低的运作成本和边际成本时，一切传统商业模式都将被影响：成本低了、信息更容易共享了，体验才被真正放在了核心位置，服务更占上乘，又在产品价值上超越了以往。这样的巨大突破与改变将带来一个崭新的时代。

但是，从现状来看，“互联网+”仍然处于初级阶段，许多行业对“互联网+”还处于观望的阶段。“互联网+”的诞生改变了很多行业的现状，它的存在有一定的经验可循，可通过特定的模式来改变其他的行业领域，进而扩大自己的生态。“互联网+”难以改造传统行业，但是这不意味着传统企业不做互联网化的尝试。即便自己本身很难与互联网结合，传统企业也会在宣传环节或者销售环节运用“互联网+”。例如，现在中国很多销售都通过互联网进行交易，如电商、微商等。很多传统企业都在过去几年开始尝试营销的互联网化，借助 B2B、B2C 等电商平台来实现网络渠道的扩建。更多的线下企业还停留在信息推广与宣传的阶段，甚至不敢过多尝试网络交易方面的营销，大概是由于它们找不到合适的方案来解决线下渠道与线上渠道的冲突问题。还有一些商家自搭商城，但是成功的不是太多。对于艺术院校大学生创业，如何运用“互联网+”，如何将艺术互联网化，还是值得思考的。当前出现了专门帮助艺术家推广作品或者筹资的网站，抑或将艺术品进行拍卖的线上交易平台，例如福拍 APP。

“互联网+”是全国性的，各地政府都会在提出方案后帮助企业转型，然后具体执行，在这段关系中，政府扮演了引领者和推动者的重要角色。“互联网+”服务商的崛起，将在市场上涌现一批政府与企业之间的第三方服务企业，从服务的角度来看，传统企业转型为“互联网+”服务商也是一种转型。这是一种类似于中介的角色，他们本身不会从事“互联网+传统企业”的生产、制造及运营工作，但是他们会帮助线上及线下双方的协作。更多的是做双方的对接工作，盈利方式则是双方对接成功后的服务费用及各种增值服务费用。

如何更好地将互联网与传统企业融合，更确切地说，如何更好地将艺术与互联网结合，如何实现形式和内容的突破？其实很多互联网企业也在寻求切入传统市场的点，这些企业也需要转型。当我们打开手机，就会看到数以万计的手机应用，这些 APP 分解了 PC 互联网的市场，而且短时间内积累了超过千万甚至上亿的用户，但它们却缺乏更好的商业模式。如何利用自身的优势吸引人群下载后促进用户消费是个问题，一个 APP 可能用户很多，活跃度也很高，但是用户的消费能力却很低。基本上每一个 APP 都是某一个行业或者其细分领域的代表，在线上无法解决盈利问题的时候，这些商家都会采取落地线下的战略。如唱吧就在尝试自己做 KTV 以及与线下 KTV 合作，以此来获得更高的收益。

可以说，现在很多艺术类创业者都有效利用了 APP 这种较便捷的形式，例如由天津美术学院开发的“蜂窝媒”APP，它旨在共享创意，左手牵着千家万户的创意需求者（消费者），右手汇集成千上万的专业创意供给者（生产者）。“蜂窝媒”对消费者需求进行审核和任务派送，对生产者进行认证和分类分级登记，对生产者完成的任务进行审核，允许消费者通过创意评价和服务评价对“蜂窝媒”进行反馈。它是在共享经济业态下，依托“互联网+”技术，提供全方位服务，进行私人专属定制，实现线上线下自由切换。它是一个共享性的创业 APP 架构，目的是实现从了解消费者的创意需求到创意需求审核、创意任务下单、创意领单、创意成果审核，再派送给消费者这样一个创意市场生命周期，充分实现一站式、流程化解决，使消费者和生产者都成为创意的传播者。

后 记

最爱冬天的冷，冰雪冻住了一切，像是对过去有个决断。我也喜欢在冬天静静地思考一些问题。常常怀念小时候在青岛老家堆雪人的日子，那种无所顾忌的快乐与对未来淡淡的憧憬，很是美好，我也就是从那时开始，学会了怀旧。在这个纯净的冬天，我已然告别了熟悉的辅导员岗位，怀着对同学们的丝丝不舍，开始崭新的工作。还好，我的学生们时不时地跟我联络，给我带来各种惊喜和感动。带着这份感动，我依旧努力着，寻找着让自己成长的点。对于自己的未来，我是既清楚又模糊——有困惑也不错，其实又有几个人清楚地知道自己明天的样子呢？

这本书源于天津美术学院“蜂窝媒”创业团队的创业灵感，经过大家的共同努力，如今到了付梓之际。特别感谢“蜂窝媒”创业团队李伟、周子晗、党梦圆、施楚玥四位同学在资料收集方面付出的努力，他们是我心中永远的“梦之队”。本书的很多案例，都是由这个团队参与完成的。出版本书的初衷就是结合此次创业，将艺术院校大学生创业过程中遇到的问题、找到的解决途径以及成功案例分享给读者朋友。

这本书的第一篇和第二篇的部分内容，由刘平平执笔；第二篇的部分内容和第三篇，由马燕执笔。

刘平平

2018 年 1 月

思想政治教育视域下艺术院校大学生

创业教育政策环境研究与实践指导

刘平平　主编

SIXIANG ZHENGZHI JIAOYU SHIYUXIA

YISHU YUANXIAO DAXUESHENG

CHUANGYE JIAOYU ZHENGCE HUANJING

YANJIU YU SHIJIAN ZHIDAO

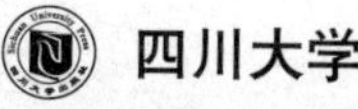

四川大学出版社

责任编辑:黎伟军
责任校对:胡晓燕
封面设计:墨创文化
责任印制:王　炜

图书在版编目(CIP)数据

思想政治教育视域下艺术院校大学生创业教育政策环境研究与实践指导 / 刘平平主编. —成都：四川大学出版社，2018.4

ISBN 978-7-5690-1754-0

Ⅰ.①思…　Ⅱ.①刘…　Ⅲ.①高等学校-艺术学校-思想政治教育-教学研究-中国②高等学校-艺术学校-创业-教学研究-中国　Ⅳ.①G641②G647.38

中国版本图书馆 CIP 数据核字（2018）第 081282 号

书名　**思想政治教育视域下艺术院校**
　　　大学生创业教育政策环境研究与实践指导

主　　编　刘平平
出　　版　四川大学出版社
地　　址　成都市一环路南一段 24 号 (610065)
发　　行　四川大学出版社
书　　号　ISBN 978-7-5690-1754-0
印　　刷　四川盛图彩色印刷有限公司
成品尺寸　148 mm×210 mm
印　　张　4.125
字　　数　108 千字
版　　次　2018 年 7 月第 1 版
印　　次　2018 年 7 月第 1 次印刷
定　　价　19.80 元

◆读者邮购本书,请与本社发行科联系。
电话:(028)85408408/(028)85401670/
(028)85408023　邮政编码:610065
◆本社图书如有印装质量问题,请
寄回出版社调换。
◆网址:http://www.scupress.net